참지않는 연습

김규현 지음

SNA 연기스피치
저자 직강 및 동영상 강의

감정이라는 것은 사용하거나 표현하지 않으면 퇴보한다.
화, 짜증, 분노, 우울 등의 나쁜 긴장과 나쁜 이완인 부정적 감정표현은 훈련을 통해 좋은 감정표현으로 바꿔야 하고, 행복, 기쁨, 즐거움, 감사함, 편안함 등의 좋은 긴장이나 이완의 긍정적 감정은 연습을 통해 키워야 한다.

지오아카데미

저자 **김 규 현**

동국대학교 연극영화과를 졸업 후 서울대 대학원 공연예술학과에서 특별전형으로 공부를 했으며, 스피치 경력은 현재 SNA연기스피치 대표 강사로 소상공인 스타강사와 더불어 금융위원회, 현대백화점, 외국계기업 등 500회 이상의 강연 경험과 대기업, 공무원, 은행 임원 스피치 지도, 영어스피치 대회 및 스피치 대회 100여 명 입상 지도경험 그리고 머니투데이와 RTN에서 방송을 진행하고 있다.

또 배우로서는 상업영화에서 04년도에 "바람의 파이터" 야쿠자(조단역), 15년도에는 영화 " 학교반란" 오 형사(조연), 내부자들, 그리고 드라마 등에서 다양한 역할을 했고, 연극은 " 장엄한 예식", "사천의 착한여자", " 시련", " 벚꽃동산" 등 20여 편에서 주, 조연 역할을 맡았으며 현재도 배우로서 왕성한 활동을 하고 있다.

주요 저서로는 "연기스피치 시리즈"와 " 감성스피치"가 있다. 그중, 대화법 - 『마음을 움직이는 대화법』, 『영리한 대화법』, 『감정표현을 통한 처세법』 이 있고, 발표법 - 『실전 목소리훈련』, 실전 면접』, 『실전 스피치』, 『실전 프레젠테이션』 이 있으며, 연기 - 『남자 실전연기』, 『여자 실전연기』 가 있다.

SNA연기스피치

홈페이지 www.esna.co.kr
이메일 kkhyun1004@hanmail.net
블로그 http://blog.naver.com/cello4225
페이스북 https://www.facebook.com/sna4225
인스타그램 https://www.instagram.com/kim_kyou_hyun/

참지 않는 연습

초판인쇄 2021년 3월 1일
초판발행 2021년 3월 1일

저　자 김규현
펴 낸 곳 지오아카데미
주　소 서울 중구 퇴계로 213 일흥빌딩 408호
등　록 2016년 3월 7일 제395-2016-000014호
전　화 02)381-0706 | **팩스** 02)371-0706
이 메 일 emotion-books@naver.com
홈페이지 www.geobooks.co.kr

ISBN 979-11-91346-00-8
값 15,000원

머리말

왜 우리는 타인의 시선에 의한 감정표현을 할까?

우리는 살면서 수많은 사람을 만난다.

가족, 직장생활, 모임, 지인과의 만남, 낯선 이와의 만남 등 우리는 수많은 사람들과 관계를 맺고 다양한 상황에 놓이게 된다. 그런데 우리는 사람들을 대할 때 외국인에 비해 어색하고 경직된 감정표현을 하는 경우가 많다. 또한, 우리는 감정을 표현하는 데 있어 자신의 의지와 진심 그대로 표현하는 것이 아니라 남을 의식하고 타인의 시선을 생각해서 감정표현을 하는 경우가 많다. 한국인은 감정을 표현하는데 있어 솔직하게 하지 못하고, 상대방을 지나치게 의식하는 객체적인 감정을 드러낸다. 즉, 주체적인 감정표현 능력이 부족하다고 할 수 있다.

가령, 일상생활을 예로 들어보자.

길에서 우연히 만난 친구에게 "오랜만이야."라고 말을 한다. 서양인은 반가움의 감정을 나타내는데 진심을 다한다. 즉, 오랜만이라는 말과 반가움을 나타내는 표정과 행동이 일치한다. 하지만 한국 사람은 "오랜만이야."라는 말과 함께 그 사람을 훑어보거나 시선을 피하면서 '이 친구는 나를 어떻게 생각하지?'라든가 '어딘가 달라졌네?'라는 분석을 한다거나 '내 반가움이 잘 표현되었나?'라는 의구심을 가진다. 즉, 반가움의 진정성 있는 표현보다 그 외적인 것에 너무 많은 감정소모를 한다.

직장에서도 마찬가지이다.

상사에게 인사를 할 때, "차장님 좋은 아침입니다."라고 말을 하면서 속으로는 '오늘은 또 뭐라고 나를 지적할까?', '오늘은 기분이 좋은 걸까?', '또 무슨 언짢은 일이 있나?'라는 많은 생각을 하며 감정표현을 한다.

한국인은 타인의 시선에 의한 객체적인 감정표현에 익숙해 있다. 그래서 우리는 늘 감정표현에 있어 고단하다. 어떤 것이 유행하면 내가 주체적으로 판단하고 행동하는 것이 아니라, 피동적으로 타인에게 뒤처지지 않기 위해서, 남에게 잘 보이기 위해서 유행을 따른다. 그래서 한국인은 자존심을 높고 자존감은 낮다. 즉, 타인의 시선에 대한 의식은 굉장히 높지만, 자신을 위한 표현은 상당히 인색하다는 의미이다.

또한, 우리는 과도한 경쟁과 각박한 현실 속에서 늘 스트레스를 받고 있다. 그러다보니 편안하고 유연한 감정보다는 늘 지나친 긴장상태에 놓여있다. 때문에 언제 폭발할지 모르는 분노를 누구나 갖고 있다.

우리는 지금의 한국사회를 '헬조선'이라는 말로 표현하고, 거기에 살고 있는 사람들을 벌레라고 표현하고 있다. 한국은 GDP 세계 10위라는 경제대국이라는 말에 걸맞지 않게 불행하게도 행복지수는 OECD 국가 중에서 최하위를 자랑하고 있다. 그리고 과도한 긴장상태와 타인에 의한 의식적인 감정표현으로 인해 행복한 감정이나 자신을 느낌을 주체적으로 표현하는데 있어 매우 어색하고 경직되어 있다.

이 책은 그러한 한국인의 타인의 시선에 의한 감정표현의 원인을 찾고 쿨하고 주체적인 감정을 회복함과 동시에 각박하고 피폐한 환경에서 비롯된 감정 스트레스를 완화하고 치유하는 목적을 지니고 있다. 이 책을 통해 고단한 한국인으로서의 삶에서 조금이나마 벗어나 보다 주체적이고 능동적인 감정표현을 하는데 도움이 되길 진심으로 바란다.

2020년 여름

CONTENTS

PART 1 우리는 왜 감정을 참아야만 할까

PART 2

한국인의 감정표현

PART 3 주체적인 감정표현 연습

PART 4 비언어적 표현으로 감정 표현하기

PART 5

참지 않는 연습

EMOTION

PART 1

우리는 왜 감정을 참아야만 할까

EMOTION

감정을 숨겨야 하는 사회

우리는 어릴 때부터 감정을 숨기는 것을 배워왔다. 아니 그래야만 했다. 감정을 드러내거나 자신의 감정을 솔직히 얘기하면 융통성 없는 사람이나 고집 센 사람으로 생각한다. 더욱 중요한 것은 감정을 솔직하게 드러내면 사회적 불이익이 생긴다. 그래서 우리는 늘 감정을 숨겨야만 했다.

문제는 우리는 감정을 숨기는 것뿐만 아니라 타인과의 시선에 의한 복합적인 감정, 타인의 관계에 의한 의식적인 감정을 표현한다. 이것이 요새 유행하는 '헬 조선'이라는 사회에서 드러내는 감정 표현이다.

감정을 숨기다 보니 우리는 늘 억압되어 있고 감정 스트레스에 시달리고 있다. 필자 역시 그렇다. 다양한 기업에서 감정표현과 스피치를 강의하고 있지만, 아이러니하게도 다양한 사람들을 만나서 관계와 시선에 의한 의식적 감정을 표현할 때가 많다. 왜냐하면 필자 역시 한국인이기 때문이다. 필자는 한국 친구도 있지만 외국인 친구들도 많다. 그런데 그들이 똑같이 얘기하고 지적하는 부분이 있다. 그것은 바로 한국인은 너무 의식을 많이 한다는 것이다.

가령, 직장에서 우리는 상사의 눈치를 보고 부하직원을 의식한다. 상사가 나에게 어떤 지시를 내렸을 때 우리는 쿨하게 그 지시를 받지 않는다. 그 지시 외적인 것 가령, 지시를 내리는 의중, 나에게 이익이 되는 정도, 그 사람과의 관계, 다른 사람이 보는 시선 등을 생각해서 지령을 받고 감정표현을 한다.

친구들을 만날 때도 마찬가지이다. 친구의 칭찬이나 감사 표현에 있어서 그 친구와의 관계, 나의 이익과 손해, 다른 친구의 시선을 의식한 감정표현을 한다. 대표적인 예가 바로 결혼식과 장례식이다. 결혼식은 두 사람의 결혼을 기쁘게 축하하는 것이고, 장례식은 돌아가신 분과 남겨진 자를 위한 위로의 자리이다. 그런데 이미 식장에 가면서 축의금과 조의금을 생각한다. '이 사람이 나에게 얼마를 줬지? 나는 이 사람과 어떤 관계이지? 얼마를 표현해야 기분이 상하지 않지?' 등을 은연중에 생각하고 의식하며 부조금을 준다. 화환도 마찬가지이다. 가장 잘 보이는 자리부터 안 보이는 자리까지 '나는 이 정도로 관계가 좋다.' 또는, '이 사람과 나는 이러한 관계이다.'라는 것을 위시한다. 비단, 부조금과 화환의 문제가 아니다. 옷차림부터 표정까지 어느 하나 쿨한 감정표현을 찾기가 힘들다.

정확히 말하자면, 한국인의 감정표현에 있어서 감정을 숨기는 것이 문제가 아니라, 감정을 드러내는 데 있어 쿨하지 않고 무언가 음침하며 의식적인 감정을 드러내는데 있다. 그러한 의식적인 감정표현이 서로를 지치고 피곤한 사회로 만들고 있다.

고단한 한국인으로서 살아간다는 것

우리는 어릴 때부터 왜곡된 감정과 억눌린 감정 속에서 살아가고 있다. 그렇게 살아왔고 그렇게 살아가고 있다.

필자의 어릴 때를 생각하면 늘 경쟁과 긴장의 연속이었다. 빠른 년생이었던 나는 동료에게 뒤처지지 않기 위해 공부를 해야 했다. 형은 전교 1등을 할 정도로 매우 공부를 잘했지만 나는 어려서 공부를 잘하지 못했기 때문에 집에서 '미운 오리새끼'였다. 그래서 늘 형과 비교대상이었고 부모님은 나에게 항상 '형은 저렇게 공부를 잘하는데 왜 너는 공부를 못하니?'라고 말씀하셨다. 그리고 그러한 비교는 나를 경쟁이라는 강제적 울타리에 집어넣었다. 그 울타리에 들지 않으면 '잉여'로 전락하기 때문에 나에게는 선택의 여지가 없는 선택이었다. 결국 잉여가 되지 않기 위해 그리고 부모님의 기대에 맞추기 위해 공부를 잘할 수 밖에 없었다.

하지만 어릴 때부터 나는 한 가지가 분명했다. 그것이 무엇인지는 모르지만 '행복'해지고 싶다는 것. 행복을 느끼고 싶다는 것이었다. 그래서 사방이 둘러막힌 직장이 아닌 다양한 삶을 살 수 있는 연기를 택했다. 그러면 적어도 이 답답한 세상에 숨통이 트일 것 같았다. 하지만 스카이를 원했던 부모님의 기대에는 터무니없는 진로였기 때문에 어쩔 수 없이 합의를 해야 했다. 그래서 PD를 한다고 하고 부모님의 기대에도 맞춰야 했기 때문에 어쩔 수 없이 그 분야에서는 알아주는 대학에 갔다. 그리고 도중에 연기로 전향했다. 생각해보면 20년이라는 시간을 나 아닌 타인의 시선과 행복의 기준에 맞춰 살아야만 했다.

직장생활도 마찬가지이다. 친구들이나 후배 선배들을 보면 늘 무언가 쫓기는 사람처럼 어딘가 아픈 사람처럼 표정이 굳어있고 긴장되어 있다. 늘 상사의 억압과 실적 압박 그리고 생존이라는 경쟁에 살아남기 위해 절벽 암반에 매달려 있는 것처럼 위태위태하다.

연애와 결혼도 그렇다. 자신의 행복을 위한 사랑과 결혼이 아닌 타인에게 비춰지기 위한 보여주기 식 결혼을 한다. 서로 좋아해서 서로의 행복을 위해 결혼하는 것이 아닌 집안 대 집안의 결혼 '친구 사위는 집 몇 평을 해왔는데... 친구 며느리는 혼수를 이만큼 해왔는데...'라는 비교 속에 하루하루를 살아간다.

그래서 세계 어느 나라도 한국만큼 인터넷이나 SNS가 발달된 나라는 없다. 타인과의 시선, 타인과의 관계에 의한 행복에 맞춰서 인생을 살아가고 있다. SNS가 발달하는 것은 나쁜 것은 아니지만, 문제는 자신이 주체적으로 행복을 찾는 것이 아니라, 타인과의 비교와 시선에 의해 행복을 규정하거나 찾기 위해서 SNS에 사진을 올리거나 스트레스를 받는 경우가 많기 때문에 문제가 된다.

심지어는 자동차도 빵빵거린다. 보행자 입장에서 파란 신호등이라는 것은 파란 불을 믿고 안전하고 편안하게 길을 건너라고 있는 것인데, 중간 정도 가지도 않았는데 차가 마치 나에게 '너 빨리 안가?'라고 눈치 주듯이 조금씩 앞으로 압박을 해온다.

그러한 지속적인 긴장과 불안한 상태 속에 살아가야하는 한국인은 경제대국이라는 말에 걸맞지 않게 어쩌면 세계에서 가장 고단한 삶을 살아가는 민족이 아닐까 생각해본다.

한국인과 외국인의 감정표현

필자는 다양한 학교나 기업에서 프레젠테이션 발표 심사위원으로 참여한 적이 많은데, 그때마다 PPT에 비해 감성설득이 부족하다는 것을 많이 느꼈다. 대체 왜 한국인은 외국인에 비해 감성적 설득력이 떨어지는 것인지, 왜 한국인은 감정표현에 있어 어색함과 불편함을 느끼는 것인지를 생각하고 고찰해왔다.

즉, PPT의 구성이나 이야기, 디자인은 매우 훌륭한 편인데, 발표자가 발표를 하기 시작하면 '차라리 PPT만 있는 게 낫지 않을까?'라는 생각이 들 정도로 표정이나 시선, 제스처, 표현이 현저히 떨어지는 것을 느낀다.

우리가 외국 사람들에 비해 좋은 점은 치열하게 노력을 하는 근성과 자세이다. 하지만 정서적 유연성은 매우 떨어지는 편이다. 유연성이 떨어지다 보니 표현력 즉, 감정전달이 부족하다. 그래서 발표나 프레젠테이션에서 감정전달이나 화술, 제스처와 같은 비언어가 턱없이 부족하다. 즉, 감성적인 설득력이 PPT에 쏟아 붓는 노력에 비해 많이 아쉬운 경우가 많다.

사람들을 지나치게 의식하고 타인에 대한 타성적 관점에서 살다보면 비언어적인 부분이 현저히 떨어질 수밖에 없다.

한국인의 특히 감사의 표현과 기쁜 표현에 있어서는 더욱 그렇다. 가령, 어떤 사람이 나의 외모를 칭찬해 줬을 때 칭찬에 어색하기 때문에 어떻게 반응할지 몰라서 오히려 상대방을 불편하게 하기도 한다. 외국의 경우는 '잘생겼다.', '예쁘다.'라는 말을 할 때 '감사하다.'라고 반응하지만 우리나라의 경우에는 '아니요.'라고 어색한 반응을 취한다. 한국 사람처럼 기쁨, 행복, 감사 등의 긍정적인 감정이 어색한 민족도 드물다. 외국인 특히, 유럽이나 미국인들을 보면 '행복해.', '고마워', '재밌어.', '웃겨.', '즐거워' 등의 긍정적 감정표현이 무척이나 자연스럽다.

서비스에서의 감정표현을 보면 더욱 차이를 느낄 수 있다. 가까운 일본이나 미국 등의 외국을 나가서 음식점을 갈 때, 외국의 경우는 손님이 왔을

때 ‘안녕하세요. 어서 오세요.’라고 인사를 하는데 목소리뿐만 아니라 표정에서도 손님을 진심으로 반갑게 맞이하는 것을 느낄 수 있다. 하지만 한국의 경우 ‘안녕하세요. 어서 오세요.’라고 분명히 목소리는 반갑게 맞이하는데 표정을 보면 마치 로봇이나 피곤한 사람처럼 무표정한 얼굴 또는 지친 얼굴로 손님을 맞이한다. 손님 역시 거기에 개의치 않고 들어가지만 뭔가 찝찝한 느낌을 지울 수 없다.

이처럼 한국인은 어떠한 감정을 사람들 앞에서 보이거나 펼치는 것이 부자연스러운 부분이 많다.

어디서부터 잘못되었을까?

필자는 다섯 가지로 요인을 설명할 수 있을 것 같다.

우선 지역적인 요인이다. 우리나라는 반도라는 지역적 특징을 가지고 있다. 반도라는 것은 반은 육지 반은 바다와 접해 있다는 의미이다. 위로는 중국 그리고 밑으로는 일본이라는 열강에 둘러져 있다. 그리고 바로 위로는 북한이 있다. 일단 지역적으로 타 국가에 비해 긴장도가 높다. 언제 전쟁이 일어날지도 모르고 중국이나 일본의 열강에 의해 잠식되어 질지도 모르는 긴장상태에 있다. 또한, 우리나라는 불행하게도 석유나 금과 같은 천연자원이 없다. 자원이 없다보니 늘 무언가를 얻기 위해 스스로 노력해야 하고 경쟁해야 한다. 좁은 국토에 비해 인구가 많다보니 가뜩이나 자원이 없는 나라에서 살아남기 위한 경쟁은 전쟁과 같을 수밖에 없었다.

역사적으로는 늘 외세의 침략이 있어왔다. BC 2333년 단군의 홍익이념이라는 국조를 통해 한반도에서 국가를 형성했지만 그 이후에 중국과 일본 등 총 976번의 외세의 침략을 받아왔다. 그리고 한 번도 선제공격을 한 적이 늘 당해왔다. 그러다보니 언제 또 공격을 당할지 모른다는 압박감과 불안함이 늘 도사려왔다. 특히, 6.25 전쟁이후 '한강의 기적'이라 불릴 정도로 수십 년간 급격한 경제성장을 이뤘다. 그러다보니 성장의 과정이 아닌 결과중심의 '빨리 빨리 문화'가 자리 잡았다. 여행지에서도 에스컬레이터를 추월하거나 뛰어 다니는 사람들을 보면 대부분 한국인이다. 그만큼 '빨리 빨리 문화'는 부지불식간에 우리의 생활과 밀접해 있다. 하지만 불행이도 빨리 빨리 문화는 경제적 성장을 앞당겼지만 시민의식의 성장에는 영향을 주지 않았다. 또한, 그런 빨리 빨리 문화로 인해 더욱 빠른 시간 내에 성과를 내야하고 성과를 내지 못하면 질책을 당하기 때문에 우리의 감정은 더욱 긴장상태로 내몰리고 있다.

사회적으로는 그나마 평안했던 통일신라와 고려 초기시대를 제외하고는 늘 서로 물고 뜯는 경쟁 속에 살아왔다. 특히, 조선시대에는 기묘사화를 비롯한 수십 차례의 사화와 당쟁이 있어왔다. 또한, 조선시대에 유교가 통치이념으로 들어오면서 타인에 의한 시선과 의식문화가 자리 잡혔다. 유교는 옛날 중국 공자의 가르침에서 시작된 도덕 사상이다. 인 사상을 바탕으로 나라에 대한 충성과 부모에 대한 효도를 중시하는 사상이라 할 수 있다. 물론, 유교가 모두 잘못되었다고 할 수는 없지만 유교로 인해 특히, 중국이나 한국은 타인과의 관계와 시선 속에서 행동을 하고 행복을 찾는 의식과 문화가 생겼다고 할 수 있다. 또한, 효와 충이 스스로 자발적인 선택이 아닌 타의에 의한 선택이었다. 효와 충을 행하지 않으면 주위에서 좋게 보지 않거나 심지어는 도덕적인 잣대로 죄를 평가하는 경향이 강했기 때문에 타인에 의한 도덕과 규율을 행할 수밖에 없었다.

마지막으로 심리적인 요인을 들 수 있을 것 같다.

늘 외세의 침략과 타인의 시선에 의한 의식과 문화로 인해 우리는 늘 압박감을 가지고 있다. 그래서 한국인은 자존감이 대체로 낮다. 자신의 감정을 주체적으로 표현하는 것이 아니라, 타인의 시선과 의식에 의한 감정표현을 하기 때문이다. 타인의 시선과 의식에 의한 표현을 하다 보니 본래 자신은 없고, 타인에 의해 규정된 나로서의 모습으로 살고 있는 경우가 많다. 대표적인 예로, 한국인의 냄비근성을 들 수 있다. 한국에서는 어떤 것이 유행하면 마치 그것을 하지 않으면 유행에 뒤떨어지거나 촌스럽다는 평가를 듣지 않으려고 따라 하기 시작한다. 이웃나라인 일본이나 대만 그리고 유럽이나 미국을 가도 비슷한 옷차림은 있지만 우리나라처럼 획일화된 머리 형태나 옷차림을 보기 드물다. 자신의 개성과 장점을 살려 자신의 체형에 맞게 옷을 입거나 머리 형태를 하고 있다. 즉, 유행에 민감한 이유가 자신의 주체적인 생각과 의식에서 나온 것이 아니라, 남에게 뒤처지지 않고 잘 보이기 위해서라는 것이다.

이처럼 한국인의 왜곡되고 의식적인 감정표현을 다양한 관점에서 생각해보고 고찰해봤다. 중요한 것은 우리의 감정표현이 잘못됐다고 비판하는 것이 아니라, 왜 잘못됐는지를 인식하기 위함이다. 그래야 보다 구체적인 개선책을 찾을 수 있지 않을까 생각한다.

누구를 위한 감정표현인가?

그렇다면 우리의 의식적인 감정표현은 누구를 위한 것일까? 그것이 나의 행복을 위해서일까? 아니면 타인을 위해서인가? 한국에서의 의식적 감정표현은 타인과의 관계에 의한 부산물이다.

이를 위해서는 뒤에 얘기할 감정에 대해서 미리 언급할 필요가 있다.

감정은 1차적 감정과 2차적 감정이 있다. 1차적 감정은 어떤 대상이나 행동을 보고 직접적으로 느끼는 감정을 말하고, 2차적 감정은 어떤 대상이나 행동을 보고 느낀 감정에 의식이나 기억 또는 생각이 더해질 때의 감정을 말한다.

예를 들어, 우리가 길에서 예전에 다녔던 직장상사를 만났다고 생각해보자. 오랜만에 누군가를 만나서 즉각적인 반가움이 1차적인 감정이라면, '더 반가워해야 하나?, 이 사람이 나한테 중요한 사람인가?'라는 생각과 의식이 더해지는 감정을 2차적인 감정이라 할 수 있다.

그런데, 유독 한국 사람은 이러한 2차적인 감정이 많이 발달해 있다. 다시 말하자면, 2차적인 감정에 많은 의식을 한다고 볼 수 있다. 필자 역시 마찬가지이다. 수많은 거래처와 기업들을 상대하고 있지만, 최대한 그렇지 않으려고 해도 '혹시 나에게 불이익이 생길까봐' 또는, '내 생각을 지금 잘 표현했나?'라는 의식을 많이 하게 된다. 왜냐하면 나 역시 한국인이기 때문이다.

이것은 비단 직장과 사회생활의 문제는 아니다. 친구를 여럿이 만났을 때, 어떤 친구가 승진이나 집을 사거나 할 경우에도 '와 정말 잘됐다.', '축하해!'라는 진심어린 기쁨의 감정 표현이 어색할 때가 많다. 그런 진심보다는 '저 친구에게 이렇게 표현해야 잘 보이겠지.' 또는, '내 감정이 잘 표현됐겠지.'라는 의식적 감정표현의 느낌을 표현하는 경우가 많다.

한국인은 자존감은 낮고 자존심은 세다. 자존감과 자존심은 비슷하지만 사실은 다른 의미이다. 자존심은 남에게 굽히지 아니하고 자신의 품위를 스스로 지키는 마음이고 자존감은 객관적이고 중립적인 판단이라기보다 주체적으로 자신을 높이는 주관적인 느낌이다. 한국인이 자존심이 센 이유는 타인에 의한 시선이 강하기 때문이고, 자존감이 낮은 이유는 주체적으로 자신을 높이는 능력이 떨어지기 때문이다. 즉, 늘 타인에 의한 비교, 타인에 의한 시선과 관계에 익숙해져 있기 때문에 자신을 주체적으로 높이는 방법을 모른다는 의미이기도 하다.

자신을 주체적으로 높이는 방법을 모른다는 것은 사실 슬픈 의미이다. 주관이나 주체의식이 없고 다른 사람을 의식하고 다른 사람에 의존하는 감정을 표현하고 있다. 즉, 우리는 주체적으로 자신의 감정표현을 하는 것이 아니라 늘 타인에 의한 타인의 시선에 의한 의식적 감정표현을 하고 있다는 의미이다.

왜곡된 감정표현의 결과

한국인은 OECD 35개 국가 중에서 행복지수가 최하위권에 속해있다. GDP나 GNP는 세계 10위를 상회하는 만큼 경제면에서는 선진국이라 볼 수 있는데, 행복지수가 터무니없이 낮은 것은 '참 아이러니하다.'라고 밖에 말할 수 없다.

우리가 돈을 벌고, 출세와 명예를 얻으려고 하는 것도 결국 행복해지기 위해서인데, 목적인 최하위고 수단은 높은 점수를 받는 것이 참 모순적이다.

한국 사회에서의 갑질로 인한 감정싸움과 편 나누기로 인한 감정 스트레스, 자기와 다름을 인정하지 않는 부조리한 소통, 자기 비하와 혐오로 얼룩진 부정적인 감정의 왜곡된 표현들로 인해 우리는 병들고 있다.

특히 질투, 비난 등의 감정에 있어서는 어떤 민족보다 더욱 감정 표현이 뛰어나다. 이러한 억눌려 있는 감정으로 인해 늘 긴장 상태가 팽배해 있고, 그런 감정의 분출은 익명성을 가장한 인터넷의 댓글로 여과 없이 표현되고 있다.

비난과 비평은 다르다. 상대방을 이해하지 않는 관점에서 남의 잘못을 무차별적으로 들춰내서 지적하는 것을 비난이라 한다면, 비평은 상대방을 이해하는 관점에서 더욱 잘 되라는 부분에서 지적을 하는 것이다. 그런데 우리는 '나만 아니면 돼.', '나는 맞고 너는 틀려.'라는 이분법적인 사고와 다원주의를 인정하지 않는 편협한 사고방식으로 비난과 혐오를 일삼고 있다.

오죽하면 '사돈이 땅을 사면 배가 아프다.'라는 말이 있겠는가. 한국인의 감정표현은 타인의 시선과 관계에 의한 부분으로 인해 늘 억눌려있고 왜곡되어 있다. 쉽게 말하면, 쿨한 감정표현이 아니라 비하와 비난 그리고 뒤틀린 감정표현이 사회에 만연되어 있다는 것이다. 작금의 한국사회는 이성간의 혐오, 세대 간의 혐오는 물론 자기 이외에 타인을 모두 '벌레'라는 감정표현을 함으로써 자조적 비하를 서슴지 않고 있다. 이러한 극단적 왜곡의 감정표현은 우리 사회와 우리 자신을 병들게 하고 있다.

그러한 감정표현으로 인해 나는 물론 상대방 그리고 우리 모두 뒤틀린 감정에 찌들어져 가고 있다. 갑질과 혐오는 또 다른 갑질과 혐오를 낳는 것처럼 쿨하지 못한 뒤틀린 감정은 나뿐만 아니라 또 다른 대상에게 상처를 주고 다시 상처를 입은 누군가는 제 3의 당사자에게 또 상처를 주는 형국이 되풀이 되고 있는 것이 바로 우리의 감정표현의 슬픈 현실이다.

이러한 한국인의 감정표현은 역사적으로 수많은 외세의 침략과 타인을 짓밟고 올라가야 하는 지나친 경쟁, 그리고 유교의 영향으로 인한 의식과 제도 중심의 사고방식에서 찾을 수 있으며, 그러한 원인으로 인해 우리 스스로 왜곡된 감정표현이라는 괴물을 만들고 있었다.

누구의 잘못도 아니다

그렇다면 이러한 왜곡되고 과하게 의식적인 감정을 표현하는 것은 누구의 잘못인가? 그것은 누구의 잘못도 아니다. 왜냐하면 그것이 잘못되었다는 것을 아무도 얘기해주지 않았기 때문이다. '고진감래'라는 것을 우리는 당연시 여겨왔고, 성공을 위한 위해 수단과 방법을 눈감아 왔으며, 결과만 좋으면 과정이 묵인되는 사회에 우리는 노출되어 있는 것이다.

그것을 누구 하나 잘못되었다고 말해주지 않았다. 바로 그것이 지금의 '헬 조선'이라는 사회를 만들었다. 스카이나 서울에 있는 대학을 가지 못하면 실패한 삶, 대기업이나 공기업에 입사하지 못하면 흙 수저의 삶, 연봉 1억이나 벤츠를 타지 못하면 피폐한 삶이라고 우리 스스로 규정된 암묵적인 사회의 분위기 속에 살고 있었다. 고생을 당연시 여겨왔고, 언제 이루어질지 모르는 성공에 대해 지금의 고난을 견디는 것을 자랑스러워했다.

그런데 여기서 문제가 생겼다. 이러한 고생과 고통이 언제까지 지속될지 그리고 무엇을 위해서인지 아무도 얘기해주지 않았다. 그저, 상위 1%안에 들면 성공이고, 그 성공의 테두리 안에 들기 위해 아등바등했다. 하지만 불행하게도 상위 1%에 드는 삶은 1%에 불과하다. 헬 조선에서의 생존게임은 1%만을 위해 나머지 99%가 희생해야 하는 부조리한 삶이었다. 그럼에도 불구하고 우리는 '고진감래'라는 말과 '젊어서 고생은 사서 한다.'는 교활한 사탕발림으로 1%의 성공을 위해 나머지 과정을 고생과 고난이라는 포장지로 교묘히 포장해 왔다.

성장과 성과만을 중요시한 결과로 인해 그 성공이라는 테두리 안에 들어가지 못한 사람들이 자조 섞인 비난을 내세우고 있다. '흙 수저', '헬 조선', '~충'이라는 말을 아무렇지 않게 내뱉고 있다. 물론, 모든 한국인이 다 그런 것은 아니다. 하지만 분명한 것은 지금 젊은 사람들의 자조적이며 파괴적인 비하를 더 이상 간과하거나 좌시해서는 안 된다는 것이다.

한국에서는 지금 공무원 열풍이 불고 있다. 서울대를 나오고 좋은 스펙을 지녀도 공무원이나 공기업을 선호하고 있다. 이전 세대에서 공무원을 지망한다고 하면 '너는 왜 겨우 그런 걸 하려고 하냐?', '왜 그렇게 야망이 없냐?'라는 소리를 들었다. 하지만 지금 시대에 공무원을 꿈꾸는 이유는 야망이나 열정이 없어도 저녁이 있는 소소한 삶, 최소한의 인간적인 삶을 영위할 수 있는 가능성과 언제 잘릴지 모르는 불안함 대신 급여가 크진 않지만 정년이 보장되어 있는 안정된 삶을 원하고 있기 때문이다.

이러한 공무원 신드롬은 많은 것을 말해주고 있다. 더 이상 헬 조선에서 노예로 살고 싶지 않은 사람들의 절박한 외침으로 들린다. 더 이상 치열한 경쟁의 불구덩이에 뛰어들지 않고 싶은 간절한 마음으로 들린다.

그것은 누구의 잘못도 아니다. 우리에게 성공을 해야 한다고는 말을 해왔지만, 아무도 왜 성공을 해야 하는지, 무엇을 위해 성공해야 하는지를 가르쳐주지 않았기 때문이다. 행복해야 한다고 얘기는 했지만 어떻게 해야 행복할 수 있는지를 말해주지 않았기 때문이다.

더 이상 감정을 억누르지 말자

그것을 지금 세대들이 조금씩 자각하고 있다. 이제 그러한 현실에 지친 사람들이 그것을 이상하게 여기기 시작했다. 즉, '왜 우리는 고통스러운 삶, 늘 긴장 상태에 놓여있는 삶을 당연시 여기지?'라는 생각을 하기 시작했다. 효용성과 효율성으로 볼 때 사실 '고진감래'라는 말은 어폐와 모순 덩어리이다. 언제 성공할지도 모르고, 성공을 한다고 해서 반드시 행복한 것도 아닌데, 왜 과정의 고통을 우리는 자연스럽고 아무렇지 않게 여겨야 하는 것인가?

조금만 현명하게 생각해보면 고진감래가 얼마나 잘못된 위선인지 알 수 있을 것이다. 1분 1초가 흘러 현재가 되고 그 현재가 미래를 만드는데 만약 성공을 60세에 한다면 한국인의 수명을 80이라고 평균적으로 봤을 때, 고작 20년의 행복을 위해 60년을 희생해야 한다는 말인가? 이 얼마나 황당하고 어처구니없는 일인가?

물론 노력 없이 얻는 것은 없을 것이다. 하지만 우리는 결과를 위해서 과정을 혹사하고, 과정의 중요성을 간과하지는 않았는지 묻고 싶다. 그런 결과주의와 성과주의로 인해 우리의 몸과 마음은 병들고 있었다. 그리고 세계에서 최하위의 행복지수와 자존감의 민족이라는 오명을 가지게 되었다. 또한, 우리는 인내심을 길러왔다. 과정의 인내, 현재의 인내 없이는 미래의 성공이 없다는 희망고문 앞에 우리는 맥없이 길들여졌다.

현대인이 가장 많이 걸리는 마음의 병이 우울증이고 특히, 한국인의 경우 약 10%는 심한 우울증을 겪고 있고, 50% 이상이 가끔 우울증에 시달리고 있다고 통계에 나와 있다. 이제는 더 이상 희망고문과 고진감래의 암묵적 사회의 분위기를 좌시해서는 안 된다. 그럴수록 마음의 병 즉, 감정의 병은 더욱 심각해질 뿐이다.

한국 사람은 감정 스트레스로 인해 병들고 있다. 상처가 나면 연고를 바르듯이 우리의 마음도 상처받은 감정을 치유해야 한다. 그렇지 않으면 마음의 병이 생기기 마련이고 그 병은 치유하지 않으면 더욱 커져서 우울증이나 자율신경 실조증과 같은 심각한 병세를 키우게 된다.

그리고 앞으로 이러한 원인을 자각하고 변화하지 않는다면 그러한 감정 스트레스는 심하면 심해지지 덜하지는 않을 것이다. 즉, 감정 스트레스로 인해 우리는 더욱 병들어져가고 피폐해진 삶을 살 수밖에 없을 것이다.

긍정적 감정과 행복

우리의 몸은 너무 따뜻해도 너무 차가워도 좋지 않은 것처럼 감정 역시 긴장과 이완이 늘 일정한 상태로 유지되어야 한다. 한국인의 경우 성과주의와 빨리 빨리 문화, 잦은 갑질과 비난과 혐오로 인해 늘 긴장의 상태에 놓여있다. 그러다보니 편안함을 주는 감정이나 안락함을 주는 느낌에 취약해있다. 그렇다고 긴장이 모두 나쁜 것은 아니다. 어느 정도의 긴장은 행복한 삶에 도움이 될 수 있다. 하지만 한국인은 지나치게 많은 긴장을 하고 있다. 직장에서도 사회에서도 늘 엄숙한 상태에서 일을 한다. 아무리 생각해도 지나치게 엄숙하고 진지하다.

그래서 프레젠테이션이나 발표 자리에서 유머를 구사하는 사람도 유머를 받는 사람도 늘 어색하다. 즉, 유연성이 많이 떨어진다. 그에 비해 서양인의 경우 발표나 프레젠테이션 자리에서 애드리브나 표정이 너무나 자연스럽다. 평소에 한국인은 많은 긴장을 하기에 특히, 그러한 발표 자리나 부드러운 분위기를 만드는 자리에 있어서 표정이 많이 어색하다. 오죽하면 한국 배우들의 슬픔이나 오열의 연기가 세계에서도 알아주는데 비해, 로맨틱 코미디는 거의 성공하지 못한다. 왜냐하면 하는 사람도 보는 사람도 어색하기 때문이다.

감사, 기쁨, 환희, 편안함 등의 긍정적 감정이 부족할수록 행복지수는 떨어진다. 한국인의 행복지수가 OECD 국가 중에서 최하위라는 불명예를 우리는 반드시 집고 넘어가야 한다. 우리가 돈을 버는 이유, 명예를 얻는 이유, 결혼과 가족을 이루는 이유 등 우리가 살아가는 이유는 어찌 보면 결국 행복하기 위해서이다. 하지만 지금의 현실은 목적을 위해 수단을 희생하는 그래서 수단과 목적의 방향과 목표가 바뀌어졌다고 해도 과언이 아니다.

행복과 긍정적 감정은 매우 밀접한 관련이 있다. 생활에서 충분한 만족과 기쁨을 느끼어 흐뭇한 느낌을 우리는 '행복'이라 부른다. 즉, 행복은 기쁨과 만족의 느낌이라는 긍정적 감정의 형태라는 의미이다.

우리는 누구나 행복해질 권리가 있고, 행복을 느낄 자유가 있다. 언제까지 감정 스트레스로 인해 고통스런 나날들을 보낼 것인가? 우리 한국인이 행복해지려면 룩셈부르크나 발트 3국, 가까운 대만이나 싱가포르처럼 긍정적 감정이 사회에 가득해야 한다. 서로를 칭찬해주고 감사함을 자연스럽게 표현해주며, 행복감과 즐거움을 느낄 수 있는 분위기, 서로 편하게 농담을 하고 웃을 수 있는 분위기를 만들어야 한다.

지금의 현실은 '어차피 희망과 여유가 없으니 그냥 다 같이 죽자.'라는 자조석인 푸념과 상실감으로 들리고 있다. 긍정적 감정이 발달된 나라일수록 개인의 행복은 더욱 클 수밖에 없다. 긍정적 감정이 풍부한 사회일수록 개인의 만족감은 더욱 커질 수밖에 없다. 고려 시대 와 조선시대 전기까지만 해도 즉, 타인의 시선과 의식에 의해 개인의 행복과 만족을 규정하는 시대 이전에는 여러 문헌에서 우리가 행복한 민족이라는 것을 발견할 수 있고, 개인의 만족도도 높았다는 것을 별견할 수가 있다.

우리는 행복해야 한다. 그리고 그러한 행복은 우리의 권리이고 우리가 살아가야하는 이유이기도 하다. 그러기 위해서 우리는 다시 긍정적 감정표현을 찾는 연습을, 쿨하게 감정을 표현하는 훈련을, 더 이상 타인의 시선에 의해 감정을 표현하지 않는 연습을 해야 한다.

EMOTION

PART

2

한국인의 감정표현

EMOTION

감정은 어떻게 생길까

우리는 이 챕터에서 한국인의 감정표현에 대해 자세히 알아볼 것이다. 한국인의 감정표현에 대해 알아보기 전에 먼저 감정이란 무엇이고 감정의 종류와 성질은 어떤 것이 있는지 구체적으로 알아볼 필요가 있다. 감정의 사전적 의미는 '내면에서 밖으로 향하는 운동'을 얘기한다. 즉, 어떠한 자극에 의해서 밖으로 분출하는 내적인 운동을 의미한다. 우리는 '감정'이라는 것을 어렵게 생각하고 규정하기도 까다롭고 주관적이면서도 추상적인 의미로 받아들인다. 이성은 판단과 인지에 따라서 통제가 가능하다. 하지만 추상적이면서도 개인적인 바로 이 '감정'이라는 표현은 조절이 어렵다. 그래서 우리는 감정을 표현하는 것도 숨기는 것도 많은 어려움을 겪는다.

우리는 현대사회에서 감정에 대해서 깊이 생각하고 고찰하고 정확히 파악해야 한다. 그래야 이성처럼 감정을 조절할 수 있다. 길을 가다가 무언가 발에 밟힌다. 밟는 느낌을 느끼니 '긴장'이 된다. 그것이 무엇인지 본다. 그리고 자세히 확인한다. 돈이다. 돈을 발견하니 긴장했던 감정이 당황스러움으로 바뀐다. 그리고 그 당황스러움은 기분 좋은 '기쁜' 감정으로 바뀐다.

길을 간다. → 무언가 발에 밟힌다. → 느낀다. → **긴장**
본다 → 확인한다 → 돈을 발견 → **당황** → 상황을 인지 → **기쁨**

여기서 우리는 긴장, 당황, 기쁨을 '감정'이라고 얘기한다. 먼저 '긴장'이라는 감정을 살펴보자. 길을 가다가 무언가 발에 밟히고, 느낀다. 무언가 느낄 때 그 촉감은 감각신경을 통해 의식적인 반응인 뇌로 이어지거나, 무의식적 반응인 척수로 이어진다. 그렇다면 '당황'은 어떻게 생기는 것일까? 무언가 발에 밟혔을 때 우리 몸은 자신을 보호하기 위해 긴장을 한다. 그리고 조심스럽게 긴장된 상태에서 확인을 한다. 이때 돈이라는 것을 보고 당황한다. '왜 여기 돈이 있지?'라는 인지와 더불어 나오는 반응이 바로 '당황'인 것이다. '기쁨'은 어떻게 발생할까? 기쁨은 당황이라는 감정에 인지를 거친 과정이라 할 수 있다. 인지는 뇌의 추리와 판단을 포함한 과정을 얘기한다. 즉, 돈을 발견한 순간 즉각적인 반응 때문에 당황이라는 감정이 생긴 거라면 '기쁨'은 뇌에서의 경험적 기억 때문에 생기는 감정이라 할 수 있다.

이처럼 감정은 자극에 의한 반응에서 생긴다. 그리고 그 반응은 지각과 인지의 과정에서 생기는 감정이다. 그렇기 때문에 감정을 추상적으로 생각하는 것보다 과학적이고 구체적으로 생각하는 것이 보다 감정을 파악하고 통제하는 데 있어서 효율적이라 할 수 있다.

감정은 수동적이다.

감정은 주체적으로 '표현한다'는 의미보다는 '느껴진다'라는 수동적인 의미가 포함되어 있다. 예를 들어 지하철을 타다가 어떤 사람이 발을 밟았을 때를 생각해보자. 우리는 소리를 지르며 순간 욱하고 화를 낸다. 정확히 표현하면 화를 내는 것이 아니라 화가 느껴진 후 소리를 지르는 과정을 거치게 된다. 즉, 감정은 능동적으로 표현하는 것이 아니라 어떤 행동 후에 느껴지는 무언가라는 것이다.

그렇다면 왜 감정은 수동적인가? 이를 알기 위해서는 먼저 감정의 '지각'에 대한 것부터 알아야 한다. '지각'이란 사전적 의미로 감각기관을 통해서 외부 대상의 성질, 형태, 관계 등을 의식하는 작용이다. 돈을 발견하는 과정을 다시 한 번 구체적으로 생각해보자.

길을 간다. → <u>무언가 발에 밟힌다(지각)</u> → 느낀다. → **긴장**
본다 → 확인한다 → 돈을 발견 → **당황** → 상황을 인지 → **기쁨**

여기에서 핵심은 감정이 나타날 때는 '무언가 발에 밟힌다'는 지각의 과정 후라는 것이다. 즉, 지각의 과정 후에 나타나는 반응을 우리는 '1차적 감정'이라고 얘기하는 것이다. 감정은 선행적이 아니라 후행적이기 때문에 조절이 어렵다. 즉, 미리 상황을 예측하거나 인지한다면 조절할 수 있겠지만 감정은 지각을 통해 나온 반응이기 때문에 예측을 할 수 없을뿐더러 즉각적으로 나올 수밖에 없다.

여기서 감정조절이 어려울 수밖에 없는 이유가 설명된다. '희로애락'에서 파생되는 108가지의 감정은 지각 후에 나온 반응을 추상적으로 규정한 의미이다. 즉, 감정을 구체적으로 규정하기가 어렵다는 의미이다. 그래서 추상적인 감정의 규정에 몰두하기보다는 자극을 통해 나온 지각의 반응에 더 집중해야 할 필요가 있다. 그것이 더 과학적이고 구체적이기 때문이다.

왜 감정은 복합적일까?

그렇다면 왜 감정은 단순하지 않고 복합적일까? 이해를 돕기 위해 흔한 이별 장면을 떠올려보자. 좋아하던 이성과 헤어지는 상황과 마주할 때는 대개 눈물이 고이기 시작한다. 이 감정을 우리는 '슬픔'이라고 한다. 그런데 눈물이 나기 시작할 때 슬픔을 참으면서 억지로 웃으려고 노력하기도 한다. 그러면 진정하려는 노력을 통해 '웃음'을 찾게 되지만 다시 '앞으로는 보지 못하겠지.'라는 생각과 함께 '우울함'으로 감정이 바뀐다.

감정은 이처럼 단순하지 않고 복합적인 과정을 거친다. 감정을 제대로 파악하려면 우리는 지각과 함께 '인지'라는 것의 의미를 파악해야 한다. 앞서 말한 지각이 수용적인 의미라면 인지는 능동적인 의미로 해석된다.

우리는 앞에서 무언가를 밟고, 돈을 발견함으로써 느끼는 감정 변화의 지각 과정을 이미 알아봤다. 그런데 인지는 지각 과정 이후에 판단과 추리가 더해지는 과정을 말한다. 즉, 돈을 발견하고 기쁨을 느끼는 과정을 지각이라 한다면, 주위를 둘러보며 아무도 없다는 것을 알고 주머니에 돈을 넣은 과정은 추리와 판단이 더해진 인지의 과정이라는 것이다.

길을 간다. → 무언가 발에 밟힌다. → 느낀다. → 긴장
본다 → 확인한다 → 돈을 발견 → 당황 → 기쁨
주위를 둘러본다. → 주머니에 돈을 넣는다. → 간다.

인지는 지각이라는 반응에 생각과 추리가 더해지는 과정이다. 즉, 지각이 자극에 대한 감정의 과정이라면 인지는 감정에 생각이 더해지는 과정이다. 우리가 흔히 감정이라는 것은 지각과 인지가 복잡하게 섞여 있는 과정을 얘기한다. 예컨대, 지갑을 발견하는 과정에서 지갑이라는 것을 지각하고 기쁨을 느끼는 것이 1차적인 감정이라면 눈치를 보고 기쁨을 자제하는 것은 인지 과정이 들어간 2차적인 감정이라 할 수 있다.

고통을 느낄 때도 마찬가지이다. 길을 가다가 돌부리에 걸려서 넘어졌다고 가정해보자. 무릎이 바닥에 부딪혀서 멍이 들었다. 그것을 지각하고 통증을 느낀다. '너무 아파.'라는 말과 함께 눈물이 나는 것이 지각 후에 바로 나오는 1차적 감정이다. 그리고는 주위를 살피고, 사람이 지나가는 것을 확인 후 아픔을 자제하며 아무렇지 않은 듯이 걷는 것. 이것이 인지 과정이 들어간 2차적인 감정이다. 이처럼 감정은 지각, 인지 과정과 밀접한 영향이 있으며 서로 복잡 미묘한 관계를 지니고 있다.

감정은 조절하는 것이다.

우리는 감정의 지각과 인지 과정을 통해 감정이란 무엇이고 감정은 어떤 형태를 지니는지에 대해 알아봤다. 즉, 지각의 형태를 나타내는 감정인 1차적 감정과 인지의 형태를 지닌 2차적 감정에 대해 알아봤다.

그렇다면 이번에는 감정의 성질에 대해 알아보자.

'길을 가다 무언가 밟힌다. 발에 밟힌 것을 느끼고 그것을 확인하니 돈이었다.'는 지각의 과정을 살펴보면 감정의 성질이 즉각적이라는 것을 알 수 있다. 즉, 우리가 어떠한 생각을 통해 감정을 느끼는 것이 아니라, 지각이라는 것은 즉시 반응을 한다는 점에서 즉각적이라는 것이다. 또 감정은 어떤 자극에 의한 반응의 조절로써 나오는 내적인 운동임이다. 즉, 어떠한 자극

후에 일어나는 반응이기 때문에 후행적이라고 할 수 있다. 여기서 먼저 행하는 것이 자극이기 때문에 자극은 선행적이라고 할 수 있고, 반응은 자극 뒤에 일어나는 것이기 때문에 후행적이라 할 수 있다. 예를 들어, '길을 가다 무언가 밟힌다. 발에 밟힌 것을 느낀다.'라는 행동에서 어떤 것을 밟는 것을 '자극'이라 할 수 있고, 밟힌 것을 느끼는 것을 '반응'이라 할 수 있다. 그렇기 때문에 감정은 후행적이라는 것이다. 마지막으로 감정은 주관적이다. 하나의 같은 사물이라도 그것을 발견하고 놀라는 사람이 있고, 울 수도 있으며 또 어떤 사람은 즐거워할 수도 있다. 그 이유는 개인의 경험과 성격에 의해 반응이 다르게 나오기 때문이다.

이처럼 감정은 즉각적이고 후행적일 뿐만 아니라 주관적이다. 그래서 이성처럼 자유자제로 다루기가 쉽지 않고 조절과 통제도 어렵다. '나는 생각한다. 그러므로 나는 존재한다.'라는 유명한 말을 남긴 데카르트의 경우 인지의 과정을 숭배한 나머지 신체와 영혼을 분리해서 얘기했다고 전해진다. 하지만 의학의 발달로 인해 감정 역시 뇌의 지각과 인지로 인해 발생하는 내적인 운동이라는 것을 증명하게 되었다. 또, 감정은 우리가 통제하기가 어려울 뿐 조절이 불가능한 것이 아니라는 것도 알게 되었다. 감정은 실제로 존재하는 것이 아니라 자극에 의해서 나오는 화학적 반응이기 때문이다. 물론 '감정'이라는 것을 폄하하거나 비하하는 것은 아니다. 다만, 우리가 느끼는 감정을 지나치게 추상화시킬 경우 과학적, 합리적으로 사유하기가 어렵기 때문에 조금 더 감정에 대해 분명하고 확실한 방법으로 접근하고자 의학적, 물리적인 방식으로 접근하는 것이 더 현명하다고 할 수 있다.

감정과 항상성

감정을 더 명확하게 이해하기 위해 의학적으로 접근해보자.

인간의 신체는 무척이나 복잡 미묘하고 매우 과학적이다. 그렇기 때문에 과학적으로 인간의 신체를 '소우주'라고 한다.

항상성을 얘기하기에 앞서 먼저 신경에 대해 얘기해보자.

'신경'이란 각 기관계를 연결하여 하나의 유기체로서 신체 활동의 조절과 조정을 담당하는 조직을 얘기한다. 신경계를 두 가지로 나누면 중추신경계와 말초신경계로 구분할 수 있다. 중추신경계는 CPU와 같은 중앙처리장치이며 감각신경으로부터 정보를 수집해서 주로 대뇌에서 인지와 판단을 내려 운동신경으로 행동을 명령하는 의식적 작용과 우리 몸을 즉각적으로 보호하기 위해 간뇌, 연수, 척수로부터 바로 반응을 하는 무의식적 작용으로 나눌 수 있다. - 참조 (서울대학병원 신체기관정보)

말초신경계는 세 가지로 나눌 수 있는데 정보를 수집하는 감각신경과 행동을 수반하는 운동신경 그리고 마지막으로 우리 몸의 체온 및 장기 등의 운동을 조절하는 자율신경이 있다.

혈관이나 장기 벽을 이루는 민무늬근, 심장 근육, 샘에 분포하여 수축과 분비를 조절하는 신경.

쉽게 말해 자율신경계를 제외한 중추신경과 말초신경은 자극과 반응을 통해 인지와 판단을 수행한다면 자율신경계는 우리 몸을 조절하는 기관이다. 이러한 자율신경계는 우리 몸을 조절하기 위한 기능을 하며 내분비와 외분비로 나눌 수 있다. 내분비는 혈관 속에 호르몬처럼 우리 몸의 내부에서 타고 나오는 분비조절을 얘기하며, 외분비는 침, 땀, 눈물처럼 우리 몸의 바깥으로 나오는 분비조절을 말한다. 감정은 반응이 아니라 반응 이후의 조절이다.

예를 들어, 어떤 친구에게 상처가 되는 말을 들었을 때, 상처가 되는 말을 듣는 것을 '반응'이라고 한다. 이 반응 후에 뇌에서의 '판단'과 자율신경의

'조절'이 공존하게 된다. 대뇌에서는 '그래. 내가 이 말을 듣고 어떻게 할까?'라고 생각을 한 후에 '이 정도는 내가 참아야지.'라고 판단을 내린다.

한편, 자율신경은 우리 몸은 자신을 보호하고 원래의 상태를 유지하기 위해 땀과 눈물을 바깥으로 내보낸다. 이러한 조절은 자율신경의 외분비 기능이며 이러한 눈물을 가지고 우리는 '슬픔'이라고 규정한다. 그렇기 때문에 1차적인 감정은 이 자율신경계와 밀접한 관련이 있다고 할 수 있다. 2차적인 복합감정이나 자제를 하려는 감정은 대뇌의 판단과 더불어 자율신경과 함께 나오는 감정이라 할 수 있다.

가령, 친구의 상처가 되는 말을 듣고 자율신경의 외분비 조절로 인해 눈물이 나오지만, 대뇌에서는 판단으로 인해 자제하려 한다. 그래서 눈물을 흘리지만 억지로 웃거나 자제를 하려는 감정이 나오는 것이다.

마치 물리학에서 질량 보존의 법칙처럼 인체는 늘 같은 상태를 유지하기 위한 성질을 지닌다. 그것을 '항상성'이라 한다. 항상성은 체온을 유지하거나 호르몬을 분비하거나 땀을 배출하거나 눈물을 흘리는 등 일정한 상태를 유지하기 위한 신체의 기능이다.

항상성은 바로 우리 몸을 일정한 상태로 유지해서 조절하기 위한 기능을 한다.

예를 들어, 직장 상사가 나에게 일을 못 한다며 핀잔을 주고 있다. 평소에 싫어하는 상사인 데다가 내가 잘못을 하지 않았음에도 불구하고 지적을 하여 기분이 상하고 화가 난다. 이때 나오는 감정은 '분노'이다.

그런데 이 분노상태를 계속 유지할 수가 없다. 왜냐하면, 계속 분노를 표출하게 되면 신체 내의 기능이 저하되기 때문이다. 그래서 항상성이 분노상태를 원래대로 돌리려 한다. 이때 외분비로써 땀과 눈물을 배출하게 된다. 이러한 배출을 통해 원래 상태로 신체를 유지하는 것을 돕는다.

이때 가팔라졌던 호흡이 조금씩 진정이 된다. 그러면서 대뇌의 인지와 판단이 함께 항상성의 조절을 돕는다. '내가 이 정도로 화낼 필요는 없지. 건강에 안 좋아.'라는 지령을 운동신경으로 내리고 이 지령이 항상성을 돕게 된다.

이처럼 항상성은 자율신경의 조절과 밀접한 관련이 있고 대뇌의 인지와 판단과도 상관관계가 있다.

우리 몸은 매우 과학적이고 합리적인 기능을 하고 있다. 우리가 얘기하는 감정은 바로 이러한 항상성 조절의 영향을 늘 받고 있다. 그렇기 때문에 감정이 지속되는 것이 아니라 변화무쌍하게 바뀌는 것이다.

'아픔'이라는 감정도 마찬가지다. 우리가 길을 가다가 날카로운 무언가에 발을 찔렸을 때, 통증을 느낀다. 이 통증은 감각신경을 통해 대뇌에 전달되고 대뇌에서는 운동신경으로 어떻게 처리할지에 대해 판단을 내린다. 또한, 자율신경은 긴장을 통해 신체가 통증으로 인해 기능이 저하되는 것을 막는다. 이것은 우리가 소위 벼락치기나 아니면 누군가와 싸움을 할 때 우리 몸을 보호하기 위해 긴장을 하는 것과 마찬가지이다.

긴장과 이완

신체의 조절 즉, 자율신경이 감정과 밀접한 관계가 있음을 앞서서 여러 가지로 시사했다. 그렇다면 자율신경에 대해 조금 더 자세히 알아보자.

우리 몸은 늘 긴장과 이완 상태에 놓여있다. 그리고 우리 몸을 일정한 상태로 유지하기 위해 긴장을 하면 다시 이완을 하고, 이완하면 다시 긴장을 하려 한다. 이러한 성질을 항상성이라고 한다고 이미 얘기했다.

바로 자율신경은 우리 몸을 조절하기 위한 신경 기능이고 그 자율신경은 다시 두 가지로 나눌 수 있다. 하나는 긴장을 담당하는 교감신경 그리고 나머지 하나는 이완을 담당하는 부교감신경이다.

교감신경과 부교감신경으로 이루어진 자율신경은 우리 몸을 일정한 상태로 유지하기 위한 항상성과 관련이 깊은데 그중, 교감신경은 긴장을 통해 우리 몸을 보호하기 위함이라 생각하면 된다. 예를 들어, 우리가 운전하다가 어떤 사람과 시비가 붙었을 때를 생각해보자.

그때 교감신경이 우리 몸을 보호하기 위해 활성화되고 그런 교감신경으로 인해 긴장된다. 이때 이러한 긴장으로 인해 호흡과 맥박이 빨라지고 내분비인 아드레날린, 외분비인 땀이 발생하게 된다. 이러한 긴장은 통증이나 이런 것에 대비해 우리 몸을 보호하는 기능을 하며 땀과 같은 분비물은 우리 몸의 체온을 일정하게 유지하려는 항상성의 역할을 한다.

바로 이 '교감신경'은 다음과 같은 역할을 한다.

심장을 강하고 빠르게 수축하게 하고 혈관 수축, 동공 확대 따위의 작용을 한다.

이러한 교감신경으로 인한 긴장의 부산물 즉, 기분 나쁘게 호흡이 빨라지고 맥박이 빨라지며 땀이 나는 반응을 '화'라고 한다.

다시 말해서, 여기서의 '화'라는 감정은 우리 몸을 보호하기 위한 항상성의 역할인 교감신경으로 인해 긴장이 생기고 이 긴장과 더불어 아드레날린이라는 공격성을 지닌 부신피질호르몬이 분비되어 생기는 감정이라는 것이다.

화나 짜증과 같은 긴장을 '나쁜 긴장'이라 할 수 있다.

하지만 다른 경우도 있다.

예를 들어, 어떤 친구가 나에게 선물을 줬다. 그 친구가 "너한테 줄 선물이 있어."라고 말을 하자 '그게 무슨 선물이지?'라는 생각에 긴장이 된다. 여기서도 교감신경이 작동되어 맥박이 빨라지고 호흡이 뛴다. 그런데 여기서는 아드레날린이 발생하지 않고 '도파민'이라는 호르몬이 나온다. 이 도파민은 기분이 좋을 때 그것을 극대화하기 위해 나오는 호르몬이다. 선물을 보고 이 호르몬과 연관된 긴장은 '설렘'으로 바뀐다.

이러한 긴장의 감정을 '좋은 긴장'이라 할 수 있다.

여기서 알 수 있듯이 긴장에도 두 가지 종류가 있다. 바로 '좋은 긴장'과 '나쁜 긴장'이 있다. 똑같이 맥박이 빨라지고 호흡이 불규칙해지지만 '아드레날린'과 같은 우리 몸을 방어하기 위한 호르몬이 나오느냐, 우리 몸을 기분 좋게 만들기 위한 '도파민'이 나오느냐에 따라 긴장의 부산물인 감정이 달라지는 것이다.

이번에는 이완을 생각해보자. 우리 몸은 항상성 즉, 우리 몸을 일정한 상태로 유지하려는 성질로 인해 늘 긴장 상태를 만들 수 없다. 바로 이러한 느슨한 상태로 유지하려는 신경을 '부교감 신경'이라 한다.

교감 신경과 더불어 자율 신경 계통을 이루는 신경. 교감 신경이 촉진되면 억제하는 일을 하고, 신체가 흥분되면 심장의 구실을 억제하며 소화 기관의 작용을 촉진한다.

예를 들어, 직장에서의 하루를 생각해보자. 직장에서 상사에게 잔소리를 들어 화가 난다. 그래서 퇴근하고 기분도 울적해서 공원에 가서 의자에 앉는다. 의자에 앉으니 빨라졌던 맥박과 조금 전까지 화가 나서 거칠어졌던 호흡이 가라앉는다. 그러면서 숲을 보니 마음이 편안해진다. 이러한 상태를 이완 상태라고 한다. 그리고 이러한 감정을 '편안함'이라고 한다.

또 다른 이완도 있다. 모처럼 직장을 그만두고 집에서 휴식을 취한다. 하루 이틀, 일주일. 일주일까지는 집에 있는 것이 편안하다. 그런데 한 달 가까이 집에만 있으니까 그 편안했던 감정이 지겹고 외로움으로 바뀐다. 이러한 감정을 '우울함'이라고 한다.

이처럼 이완 역시 '좋은 이완'과 '나쁜 이완'으로 나눌 수 있다. 좋은 이완은 몸이 편안해지면서 맥박과 호흡이 느려진 상태에 '아세틸콜린'이라는 호르몬이 분비되어 기분 좋은 편안한 진정상태를 유지하는 것이다. 나쁜 이완은 맥박과 호흡이 느려진 상태가 너무 오래 지속하면 편안함이 지루함으로 바뀌고 '코르티솔'이라는 부신피질호르몬이 분비되어 우리 몸을 보호하기 위해 혈당을 높인다.

이처럼 감정은 신체의 조절기능인 자율신경계와 연관이 있고, 자율신경은 다시 교감신경과 부교감신경으로 나뉘어서 긴장과 이완을 형성하는 것이다.

만약 긴장 상태가 지속되거나 이완 상태만 지속되면 항상성이 깨지기 때문에 '자율신경 실조증'이라는 병에 걸릴 수 있다. 우리 몸은 생각보다 매우 과학적이고 유기적이다. 이러한 긴장과 이완은 끊임없이 마치 롤러코스터를 타는 것처럼 상황에 따라 계속 뒤바뀐다.

상황과 감정

감정이 어려운 이유는 추상적이면서도 매우 가변적이기 때문이다. 화날 때, 기쁠 때, 슬플 때 등에 따라 감정은 변화한다. 그리고 감정은 매우 복잡 미묘하다. 감정이 복잡한 이유는 어떠한 하나의 감정이 일관적으로 지속되는 것이 아니라, 상황에 따라 슬프다가도 기뻐지거나 기쁘다가도 슬퍼지는 형태의 가변성을 보이기 때문이다.

이처럼 감정은 다루기가 어렵다. 그리고 조절하는 것은 더더욱 어렵다. 하지만 그것은 감정을 잘 모를 때 그렇게 느껴지는 것이다. 만약 감정을 정확히 이해하고 감정의 성격과 성향을 정확히 인지할 수 있다면 그렇게까지 감정은 어려운 것일까? 그렇지 않다.

우리가 이제껏 감정이 어렵다고 느끼는 것은 감정 자체가 추상적이고 감정은 다루기가 어렵다고 느껴왔기 때문이다.

가령, 우리가 어떤 친구가 나에게 내 행동에 관해서 지적해서 서운함을 느꼈다면 '왜 그 당시에 그런 서운함을 느꼈는지'에 대해 나중에 인지하게 된다. 그리고 그 당시에 '왜 포커페이스가 안 됐는지'에 대해 후회를 하게 된다.

이유는 하나이다. 감정이 어렵다고 느끼기 때문이다. 감정은 후행적이고 추상적이고 개별적이라 어렵다고 느끼기 때문이다. 그렇다면 반대로 감정을 알게 되면 즉, 감정의 성향과 성질을 이해하게 되면 어떨까? 그렇다면 상황은 달라질 것이다.

'왜 화가 나는지 그리고 화가 날 때 내 몸이 어떻게 반응하는지 그러한 반응에 따라 어떻게 대처할 수 있는지'를 정확히 이해하고 판단하면 감정을 이해하고 다루는 것이 어렵지만은 않을 것이다.

그렇기 때문에 감정을 정확히 분석하고 인지해야 우리는 다양한 상황에 대한 감정의 대처를 잘 할 수 있다. 상황에 따라 감정이 어떻게 달라지는지 또한, 감정은 상황에 따라 어떠한 형태를 지니고 있는지를 정확하게 파악해야 감정에 대해 분석을 할 수 있다고 말할 수 있다.

그래서 사례를 통해 감정에 대한 성향을 분석하고 감정의 성질을 그래프로 도식화해서 설명하고자 한다. 그래야 과학적이고 분명하게 감정을 인지하는 데 도움이 될 수 있기 때문이다.

그렇다면 다양한 상황에 따라 감정이 어떻게 발생되고 감정은 어떠한 형태를 지니는지를 정확히 알아보자.

각박한 현대사회에서는 기쁨이라는 감정이 예전보다는 퇴색되었다. 아이러니하게도 우리는 기쁨을 위해서 살지만 정작 기쁨이라는 감정을 잘 느끼지는 못한다.

'기쁨'이라는 감정에 대해 생각해보자. 먼저 직장에서의 대화를 통해 기쁨을 분석해보자.

직장에서의 대화

오 과장 : 이번에 기획안 당첨됐어. 축하해.
홍 대리 : 감사합니다. 생각지도 못하게 돼서 너무 좋아요.
오 과장 : 능력 있네. 이번에 제주도 티켓도 준다던데 말이야.
홍 대리 : 아 그래요? 제주도 가본 지 오래됐는데 다행이네요.
오 과장 : 그래? 완전 좋겠네. 나도 분발해야겠네.
홍 대리 : 과장님은 언제든지 하실 수 있잖아요.
오 과장 : 아냐. 이제 머리가 녹슬었어.

홍 대리가 직장에서 기획안에 당첨이 되었다. 이를 보던 오 과장이 부러움에서 칭찬을 하고 이에 홍 대리는 '기쁨'을 느끼고 있다.

긴장에는 두 가지가 있다. 하나는 '좋은 긴장' 그리고 나머지 하나는 '나쁜 긴장'이다.

기쁨은 긴장 상태에서 도파민이라는 호르몬이 나오면서 발생하는 반응조절의 좋은 긴장의 감정 형태이다.

오 과장이 홍 대리를 불렀을 때, 홍 대리는 '어 뭐지?'라는 긴장을 하게 된다. 그리고 그 긴장은 오 과장의 칭찬의 말에 안도로 바뀌고 기분 좋은 긴장의 형태인 기쁨으로 바뀌는 것이다.

그때 나오는 호르몬이 도파민이다. 도파민은 부신피질호르몬에서 신체에 기분 좋은 느낌을 전달해 주는 신경 전달물질이라 할 수 있다. 이러한 도파민의 영향으로 '기분 좋음'을 느끼게 되는 것이다.

그리고 그때의 그래프는 기분 좋은 긴장의 상승곡선 형태로 도식화할 수 있다.

지금의 각박하고 무한 경쟁시대에 살고 있는 우리는 긴장도가 현저히 많다. 특히 한국사회는 무엇이든 '빨리빨리.'라는 문화가 횡행하기 때문에 더욱 그렇다고 할 수 있다.

이러한 긴장은 '화'로 이어질 확률이 높다.

‘화’라는 감정에 대해 생각해보자. 정류장에서의 대화에서 예를 들어보자.

정류장에서의 대화

상대방 : 조금만 비켜주세요!
나 : 저기요. 여기 다른 사람 줄 서 있는 거 안 보이세요?
상대방 : 제가 급한 용무가 있어서 그래요.
나 : 누군 다 안 급해서 이렇게 기다리나요?
상대방 : 아 진짜 되게 깐깐하시네. 당신이 뭔데 가르쳐 들려고 해?
나 : 뭐요? 어따 대고 반말이야?

상대방이 조금만 비켜달라고 하는데, 추위에 떨고 있던 나는 그 말에 긴장이 되면서 갑자기 짜증이 일어난다. 맥박은 빨라지고 호흡이 가팔라진다.

이러한 감정을 ‘화’라고 한다. 화는 교감신경이 나쁜 긴장을 유발하면서 거기에 아드레날린이라는 호르몬이 분비되어 더욱 긴장을 높이는 감정이다.

즉, 신체를 보호하기 위해 더욱 긴장도를 높여서 공격성을 더하는 반응 조절형태가 바로 ‘화’라는 감정인 것이다. 그때의 그래프는 밑의 도식과 같이 매우 칼처럼 날카로운 형태의 직선을 띤다.

화라는 감정은 매우 극단적인 나쁜 긴장 상태의 연속으로 인해 맥박 매우 불규칙하게 빨라져서 호흡이 거칠어지게 된다.

살다 보면 슬플 때도 자주 있다. 그런데 이 '슬픔'이라는 감정에 대해 생각해본 적이 있는가? 어느 순간 어떤 상황에 부닥쳐 있을 때 갑자기 눈물이 흐르거나 눈물이 맺힐 때 우리는 그러한 감정을 '슬픔'이라고 한다.

다음과 같은 상황에서 슬픔에 대해 구체적으로 알아보자.

친구와의 대화

친구 : 요새 어디 아파?
나 : 아니야.
친구 : 뭐가 아니야? 아까 내가 뭐라고 해서 그래?
나 : 아니라니까!
친구 : 근데 왜 그렇게 우울해?
나 : 그냥... 지난번에 면접 본 거 떨어져서 그래...
친구 : 아... 그거 기대 많이 했었는데...

친구가 내가 우울해 있는 것을 보고 말을 건넨다. 나는 지난번에 간절히 바랐던 면접에서 고배를 마셔 우울해 하고 있다. 그런데 친구가 위로하자 갑자기 눈물이 맺힌다. 그리고 슬픔을 느낀다.

먼저 교감신경과 마찬가지로 부교감신경 역시 두 가지로 나눌 수 있다. 하나는 '좋은 부교감 신경' 그리고 나머지 하나는 '나쁜 부교감신경'이다.

부교감신경은 전에 말했던 것과 마찬가지로 이완과 관련이 있다. 그런데 우울함이라는 감정은 부교감신경으로 인해 호흡이 느려지고 이완 상태로 몸이 유지가 되지만 그 이완 상태가 지나쳐서 기운이 빠진 상태로 유지되는 것을 말한다.

그런데 지금 친구가 지쳐 있는 상태에서 다시 면접에 떨어져 있는 것을 상기해 몸의 긴장 상태가 되고 그 긴장 상태에서 맥박은 빨라지고 호흡이 불규칙해지다가 그것을 해소하기 위해 외분비선을 자극해 눈물을 맺히게 하거나 나오게 하는 것이다.

그것은 바로 신체의 항상성의 영향 때문에 원래대로 복구하려는 의지를 담은 반응이라 할 수 있다.

이번에는 편안함에 대해 알아보자.

인간의 몸은 자신을 일정한 상태로 유지하기 위한 '항상성'의 작용으로 늘 긴장 상태에 놓일 수 없다. 그래서 긴장과 이완의 균형이 매우 중요한 이유이기도 하다.

사실 인간의 몸은 긴장과 이완의 연속이다. 때로는 긴장 상태에 많이 놓일 때도 있고 이완 상태에 놓일 때도 있다. 그런데 이러한 긴장과 이완 상태의 균형상태가 깨질 때 우리 몸은 적신호를 보낸다. 예를 들어, 면역력이 약해지거나 신체기능이 저하되는 그런 현상이 나타나는 것이다. 그것 또한 신체의 '내가 지금 아프니까 빨리 조치를 해!'라는 신호이기도 하다.

집에서의 대화

친구 : 자장면이랑 탕수육 실컷 먹었더니 배부르네.
나 : 그렇게. 간만에 배 터지게 먹었네.
친구 : (소파에 누워서) 조금만 누워서 있자. 졸리네.
나 : 나도 졸리다.
친구 : 방도 따뜻하고 배도 부르고 좋네...

친구와 음식을 먹고 소파에 기대니 편안해진다. 다시 말해, 기분 좋은 이완 상태에 놓이게 된다.

여기서 기분 좋은 이완 상태는 아세틸콜린이라는 호르몬의 작용과 함께 더욱 편안함이 배가 되는 상태이다.

아세틸콜린은 우리 몸을 더욱 이완 상태를 만들기 위해 신경전달 물질로 부신피질에서 분비되는 호르몬이다. 즉, 도파민, 아세틸콜린과 같은 호르몬은 우리 몸을 더욱 기분 좋은 상태로 만들고 아드레날린, 코르티솔과 같은 호르몬은 우리 몸을 보호하기 위한 호르몬이다.

이러한 아세틸콜린의 호르몬과 이완 상태가 맞물려 기분 좋은 이완 상태인 '편안함'을 만드는 것이다.

다음은 우울함에 대해 알아보자. 예를 들어, 우리가 휴가를 받았다고 하자. 그래서 집에서 휴식을 취하고 있다고 생각하자. 한 일주일 동안은 그래도 편안할 수 있다. 그런데 일주일이 넘고 할 일도 없게 되고 슬슬 몸과 마음이 쳐지기 시작한다.

이완 역시 두 가지 종류가 있다. 하나는 '착한 이완'이고 나머지 하나는 '나쁜 이완'이다.

착한 이완은 편안할 때 느낌처럼 '아세틸콜린'이라는 호르몬의 영향을 바탕으로 기분 좋은 이완을 만든다.

하지만 우울할 때는 늘어진 이완으로 신체는 더는 몸이 처지지 않게 포도당을 만들게 되는데 이때 생성되는 호르몬이 '코르티솔'이다.

다음의 대화를 보자.

직장에서의 대화

정 과장 : 이번엔 최 대리가 승진 명단에 없네.

최 대리 : 네. 들었어요.

정 과장 : 열심히 실적도 내고 그랬는데 그게 인사고과에 반영이 안 됐나 봐.

최 대리 : 더 열심히 해야죠... 제가 능력이 부족한 건데요 뭐...

정 과장 : 너무 우울해 하지 마. 살다 보면 이런 날도 저런 날도 있으니까...

최 대리 : 네. 그래야죠...

정 과장과 최 대리가 인사에 대한 얘기를 나누고 있다. 최 대리는 승진심사에서 누락이 되었다는 보고에 낙담을 한 상태이다. 그러면서 이완은 밑의 그래프처럼 점점 더 밑으로 처지는 방향으로 흘러가고 있다.

이처럼 상황으로 인해 긴장과 이완의 감정이 유발되고 그러한 긴장과 이완의 감정은 좋은 형태와 나쁜 형태로 나타날 수 있다. 이러한 긴장과 이완은 늘 한 가지 상태를 유지하는 것이 아니라, 상황과 컨디션에 따라 유기적이고 다양하게 변화할 수 있다는 것을 알 수 있다.

한국인의 고단한 감정표현

우리는 감정의 형태나 성질에 대해 알아봤다. 감정은 희로애락에서 파생되는 108가지의 정의가 아니라, 단순명료하게 긴장과 이완으로 설명할 수 있다고 했다. 또한, 지각과 인지 형태의 1차적 감정과 2차적 감정 그리고 즉각적이고 후행적이며 개별적인 감정의 성질에 대해서 이해했다.

그런데 재미있는 부분은 바로 한국인의 감정표현의 특수성이다.

먼저 한국인은 외국인에 비해 긴장도가 매우 높다. 일상생활에서나 사회생활에서도 늘 나쁜 긴장상태에 놓여있다. 화, 짜증, 초조함 등의 나쁜 긴장의 감정이 매우 높은 편이다. 그 이유에 대해는 이미 역사적, 사회적, 심리적 부분에 대해 충분히 얘기했다. 그러다보니, 사람들이 늘 날이 서있고 각박해져있다. 언제 터질지 모르는 일촉즉발의 폭탄처럼 신경이 곤두서 있고, 그런 상태가 지속되다 보니 우울증과 분노조절장애 등을 조금씩 달고 살고 있다.

두 번째의 특수성은 감정과 행동의 불일치 부분이다. 외국인의 경우는 감정의 표현과 진심이 일치한다. 예를 들어보자. 직장에서 "차장님, 오늘 기분 좋은 일 있으세요?"라고 물었을 때, 외국인은 '차장님의 기분 좋은 표정'에 초점을 두어 '왜 기분 좋은 일이 있는지'에 대해 물어본다. 즉, 여기서의 감정은 보이는 행동에 대한 즉각적인 반응에 의한 감정표현이다.

그런데 한국 사회에서 "차장님, 오늘 기분 좋은 일 있으세요?"라는 말은 '차장님의 기분 좋은 표정'에 초점을 두는 표현이 아니라, '차장님이 기분이 좋아야 우리도 편하게 일을 하고, 빨리 퇴근을 할 수 있으니 좀 더 기분이 좋으셔야 해요.'라는 아부의 표현이 들어가 있다.

쉽게 말해서 외국인의 경우 감정 표현이 곧 진심인 반면에, 우리는 하나의 감정 표현 안에 너무 많은 의미를 담거나 해석을 하려고 한다. 즉, 한국인은 지각의 과정보다 인지의 과정 그리고 2차적 감정을 표현하는데 많은 에너지를 소모하고 있는 것을 알 수 있다. 그것은 비단 직장생활에서만이 아니다.

길에서 우연히 오랜 만에 친구를 만났을 때, 외국인은 달라진 친구의 모습에 '와~ 너 예뻐졌다.', '오~ 멋있어 졌는데.'라고 반응한다. 그런데 우리는 상대방의 달라진 모습에 '너 예뻐졌다.'라는 말을 하지만, 그 말 안에는 '어디서 성형했나?', '분명히 무언가를 한 거 같은데.', '짜증나. 왜 나보다 예뻐진 거야.'라는 의식에 의한 인지 즉, 2차적 감정을 너무 많이 담고 있다. 그 이후에 반응은 더욱 가관이다. 외국의 경우 그런 칭찬에 대해 '고마워'라고 간결하게 진심과 감정 표현을 일치시키는 반면, 우리는 '어. 아니야~', '너도 예뻐졌어.'라고 쿨하지 못한 감정을 표현하는 경우가 많다.

또한, 한국인은 자신의 감정을 주체적으로 표현하는 것보다 타인의 의식과 관계에 의한 객체적 감정표현에 익숙해있다. 대표적인 부분이 여러 사람이 모일 때, 무엇을 먹을지를 묻거나 어디를 갈지를 물어볼 때 자신의 의사나 감정을 명확히 표현하지도 않고, 그렇다고 타인을 배려해서 의사나 감정을 양보하는 것도 아닌 의식적으로 눈치를 보는 경우가 많다.

가령, 직장 회식자리에서 상사가 술을 따라줄 때도 '원샷'이라고 외치면 모두 따라 마신다. 마시기 싫어도 관계에 지장이 있을까봐 눈치를 보며 마신다. 음식이나 안주가 하나 남아도 먹지 않고 놔둔다. 하나 남은 것을 먹으면 이기적으로 보일까봐 눈치가 보이기 때문이다. 2차 3차 회식자리도 가기 싫은데도 승진이나 관계에 문제가 생길까봐 억지로 따라나선다. 재미있는 점은 귀가할 때이다. 상사가 부하 직원에게 '나 먼저 들어갈게. 택시는 나 혼자 잡아도 돼.'라고 감정표현을 해도 부하직원들이 '아닙니다. 부장님'이라고 하며 택시를 잡아 준다. 그러면 부장은 '아냐. 됐어. 괜찮아.'라고 계속 실랑이를 벌인다.

프레젠테이션 자리에서도 마찬가지이다. 발표하는 사람은 '청중들이 내 발표를 어떻게 생각하지?', '내가 실수를 하면 어떡하지?', '여기서 농담을 하면 안 되겠지?'등의 청중의 눈치를 보기 시작한다. 심지어 청중들도 마찬가지이다. '저 사람이 얼마나 잘하나 보자.', '다른 사람들은 어떻게 반응하지?'라는 의식적인 생각으로 발표 자체에 대한 관심보다 보이는 것과 다른 사람들의 시선에 민감해한다. 특히, 프레젠테이션이나 발표 자리에서는 한국인의 비언어는 경직 그 자체이다. 외국인의 유연하면서 자연스러운 표정과는 상반되는 부자연스러운 표정이 대부분이다. 즉, 발표자도 어색하고 청중도 어색한 광경을 너무나 흔히 볼 수 있다.

특히, 갑을관계의 피곤한 서열이 만연해 있는 자리에서는 더 그렇다. 어디를 가나 눈치를 과하게 본다. '피곤하실 텐데 홍삼 드시면서 일하세요.'라고 홍삼과 같은 선물을 건넬 때도 기쁘고 유쾌한 감정과 분위기가 지배하는 것이 아니라, 무언가 찜찜한 선물을 주는 사람은 '이거 혹시 안 좋아하나?', '더 큰 선물을 사올걸 그랬나?'등의 의식적인 눈치와 더불어 어색한 웃음을 짓고, 받는 사람 역시 '뭘 이런 걸 사오고 그래요.', '괜찮은데… 이거 진짜네요.'등의 말과 행동이 일치하지 않는 애매한 감정표현을 한다.

물론 모든 한국인이 다 쿨하지 못하다는 것도 아니고, 모든 외국인이 다 쿨하다는 것은 아니다. 성격과 개성에 따라 다를 수도 있지만 대체적인 부분이 그렇다는 것이다.

또한, 이것을 두고 '한국인이 그렇게 사람들을 의식하는 것은 경쟁사회에서 살아남기 위해서이다.'라고 반론을 제기할 수도 있다. 하지만 그것은 변명에 지나지 않는다. 그런 의식적이고 객체적인 감정표현은 주체적인 행복을 느끼는데 아무런 도움이 되지 않는다. 오히려 해가 된다. 그런 긴장과 타인의 시선에 의한 객체적인 감정표현을 하다 보니, 어느새 우리는 웃음, 행복, 기쁨 등의 긍정적 감정표현을 어색해 한다. 우울함, 짜증, 분노의 감정표현은 세계 어느 민족보다도 잘하지만 행복과 관련된 긍정적 감정표현은 매우 불편하게 표현한다.

가짜 감정과 진짜 감정

우리는 살면서 수많은 말과 행동을 하고 또 그 말과 행동에 대해 후회를 하기도 한다. 하지만 대부분 후회를 하는 경우는 흥분상태에서 어떤 것을 결정할 때이다.

사람이 화가 나거나 짜증이 날 때, 아드레날린이라는 호르몬이 분비된다. 아드레날린은 긴장상태에서 분비되는 호르몬인데, 긴장을 유지하는 부분이 있는 반면, 자신을 보호하기 위해 상대방을 공격하는 성질도 있다.

그래서 우리가 화가 날 때, 상대방에게 인신공격을 하거나 후회하는 말을 많이 하기도 한다. 특히, 한국 사람은 평소 긴장상태가 높기 때문에 화나 짜증 등의 흥분을 잘한다. 그렇기 때문에 감정적인 부분이 강하다 할 수 있다.

예를 들어, 남녀가 시간약속을 가지고 다툴 때를 생각해보자. 이미 남자는 여자 친구가 늦어서 화가 난 상태이다.

남자 : 또 왜 늦었어?
여자 : 왜 보자마자 나한테 화를 내?
남자 : 그럼 내가 화가 안 나게 생겼어? 지금이 한 두 번이야?
여자 : 내가 지금 사과하려고 했잖아. 오늘 남동생 생일이라 챙겨주고 오느라 늦었어.
남자 : 그걸 나한테 미리 얘기했어? 내가 어떻게 아냐고? 그냥 헤어져.
여자 : 뭐?
남자 : 그냥 짜증나니까 헤어지자고.

저런 비슷한 상황을 우리는 아마 많이 겪었을 것이다. 저런 식으로 순간 욱해서 얘기했다가 며칠 뒤에 이불 킥을 하며 후회를 한 경우가 많았을 것이다. 그렇다면 왜 후회를 할까? 그 이유는 바로 순간의 감정을 믿고 그것을 사실로 받아들여 말이나 행동을 한 부분에 대해 아쉬움이 남아서이다. 즉, 흥분상태에서 말이나 행동을 할 때는 객관적이고 이성적인 생각을 하기 어렵기 때문에 상당히 즉흥적이고 감정적인 판단을 하게 된다. 이러한 감정을 즉흥적 감정이라 할 수 있다.

하지만 시간이 지나서 그러한 감정이 변하지 않는다면, 그것은 진짜 감정이라 할 수 있다. 우리가 조심해야 하는 부분은 바로 즉흥적 감정이다. 즉흥적 감정은 언제든지 변할 수가 있고, 사리판단 부분이 명확하지 않기 때문에 객관적이지 않을 수 있다. 그렇기 때문에 가짜 감정이라 할 수 있다.

그렇기 때문에 어떠한 즉흥 감정이 생길 때는 이 감정이 진짜인지 즉흥적인지 조금 거리를 두고 생각하는 것이 중요하다. 그래야 일을 그르치는 것을 미연에 방지할 수 있기 때문이다.

우리가 감정표현 연습이 필요한 이유

그렇다면 우리는 왜 감정 표현의 연습이 필요한 걸까? 우리가 직장에서든 가정이나 사회에서든 늘 긴장상태에서 때로는 감정을 숨기거나 때로는 왜곡된 감정을 표현해야만 했다. 감정이라는 것은 사용하거나 표현하지 않으면 퇴보한다. 한국인이 부정적 감정에 능하고 긍정적 감정표현에 어색한 이유는 긍정적 감정을 표현할 수 있는 환경이 마련되지 않았기 때문이다. 하지만 그런 사회적 환경과 제도가 마련되지 않았다는 이유로 부정적 감정 표현과 더불어 행복하지 않는 삶을 살아야 하는 것일까? 그렇지 않다. 화, 짜증, 분노, 우울 등의 나쁜 긴장과 나쁜 이완인 부정적 감정표현은 훈련을 통해 쿨한 감정표현으로 바꿔야 하고, 행복, 기쁨, 즐거움, 감사함, 편안함 등의 좋은 긴장이나 이완의 긍정적 감정은 연습을 통해 키워야 한다.

우리의 삶의 일상을 생각해보자.

예를 들어, 어떤 사람이 길에서 나와 마주칠 때 반갑게 "오랜 만이에요. 잘 지냈어요?"라는 말을 할 때도, '저 사람과 내가 어떤 관계지?', '내가 잘 못한 부분이 있나?', '내 행동과 표현이 이 사람에게 잘 표현되고 있나?' 등의 의식적이고 타인의 시선에 의한 객체적인 표현보다는 그 순간자체의 감정에 충실해서 기쁘게 맞이하면 된다. 그래야 지나치고 쓸데없는 과잉 감정에서 벗어날 수 있다.

또한, 보행자가 길을 건너려고 할 때 빨리 가라고 운전자가 빵빵대거나 조금만 비켜주지 않아도 상향등을 키는 상황, 무언가에 늘 쫓기고 피곤에 찌들어 있는 부정적이고 피폐한 표정, 언제 어디서 화를 낼지 모르는 날이 곤두서 있는 긴장상태에서 벗어나기 위해서는 나쁜 긴장에서 비롯된 감정에서 쿨하게 감정을 표현하는 연습이 필요하다. 우리는 늘 감정을 타인에 시선과 관계에 의해 참아왔기 때문에 자신보다 낮은 서열의 위치에 있는 사람에게 갑질을 하고 분노와 짜증을 표현하고 있다. 늘 긴장상태에 있다 보니 그 긴장이 언제 터질지 모르는 시한폭탄이 되어 버렸다.

참지 않는 연습이란 바로 긍정적 감정은 더욱 긍정적으로 키우고, 긴장 상태의 원인을 자각하고 쿨하게 받아들이는 연습을 통해 좋은 긴장과 이완을 키우는 훈련이다. 감정의 항상성으로 인해 긴장과 이완은 마치 추위와 더위처럼 어느 정도 일정한 상태를 유지해야 한다. 그런데 우리는 과도한 긴장상태로 인해 우리의 몸과 마음의 건강에 중요한 부분인 감정의 항상성을 깨드리고 있다. 그리고 그러한 파괴된 항상성은 우리의 삶을 피폐하게 만들고 있다. 주체적인 감정표현 훈련을 통해 항상성을 일정한 상태로 유지하는 것이야말로 바로 우리가 주체적으로 감정을 표현하고 쿨하게 감정을 나타낼 수 있는 진정한 참지 않는 연습이라 할 수 있다.

우리는 경쟁이 치열하고 각박한 사회에서 도태되지 않게 매일 매일 전쟁과 같은 삶을 살고 있다. 그러다 보니 우리는 늘 긴장 상태에 놓여 있다. 긴장 상태에 있다는 것은 감정이 언제 폭발할지 모른다는 의미이기도 하다. 피부가 상처가 생기면 연고를 바르듯 마음의 상처가 생겨도 역시 치유를 해줘야 하는데, 한국 사회는 마음의 병에 대해 관용을 베풀기는커녕 마치 '견디는 것이 능사', '고진감래'를 주입시킴으로써 더욱 병을 키우고 있다.

우리는 감정표현 연습을 통해 의식적이고 객체적인 감정표현이 아닌 주체적으로 감정을 익히고 표현하는 방법을 배울 수 있다. 또한 기쁨, 즐거움, 편안함 등의 긍정적 감정을 일깨워서 행복한 감정을 채우는데 많은 도움을 받을 수 있다. 그리고 한국인의 병폐인 지나친 긴장상태로 인한 부정적 감정은 완화시키고, 타인의 시선에 의한 감정표현이 아닌 주체적인 감정표현을 통해 쿨하면서도 감정과 행동이 일치되는 명확한 감정을 표현할 수 있다. 마지막으로 늘 타인의 시선에 의한 감정표현과 지나친 긴장상태로 인한 우리의 마음의 병을 치유하는 데도 많은 도움을 줄 수 있다. 얼마나 감정을 잘 주체적으로 표현하고 쿨하게 표현하느냐에 따라 사람들과의 관계가 즐거워지고 행복해지는 것은 물론 자신의 삶의 질이 나아지기 때문이다.

PART
3

주체적인 감정표현 연습

EMOTION

호흡과 감정

우리 인간은 끊임없이 진화해 왔다.

철학적으로도 플라톤, 아리스토텔레스, 칸트가 초석이 되고 베이컨과 로크의 경험론을 거쳐서 후설의 현상학과 인식론까지 점점 사실적이고 섬세하게 깊이를 더하고 있다. 또한 의학적인 영역도 탐구와 실험을 통해 인간 수명을 100세까지 끌어올릴 정도로 비약적인 발전을 거듭해 왔다. 그리고 과학의 비약적인 발전으로 인해 컴퓨터, 스마트폰, 로봇기술, 나노기술 등을 비롯해 이성적인 부분은 첨단을 걷고 있다. 그리고 앞으로 그러한 발전은 더욱 박차를 가할 것이다.

하지만 로봇이 이성적인 부분을 인간과 비슷하게 시스템화할 수는 있지만, 아직까지 인간을 따라잡지 못한 부분이 있다. 그것은 바로 '감정'이다.

우리가 어떤 사물을 볼 때, 오감으로 그 사물을 느끼고 뉴런신경을 통해 중추신경으로 전달하고 다시 중추신경의 판단으로 운동신경에 명령을 내리는 과정을 '인지'라고 한다. '인지'와 유사한 의미지만, '인식'은 감각과 감정을 바탕으로 뇌에서 인지를 하는 과정을 말한다. 여기서 인식이 바로 감각과 감정을 모두 포함하는 의미로써 사용되는 것이다. 철학적으로 현상학과 인식론이 바로 그러한 과정을 깊이 다루는 학문이다.

그런데 여기서 중요한 부분은 바로 감정을 바탕으로 하는 인식이다. 이 감정이라는 인식은 후행적 즉, 감각으로 인해 수반되는 그 무엇이다.

예컨대 어떤 사람이 길을 지나가다가 지갑을 주었다고 가정해보자.

길을 가는데 우연히 지갑이 떨어져 있는 것이다. 그 지갑을 보는 것을 발견이라 한다. 그리고 즉각적인 흥분을 한다. 이 즉각적인 흥분을 감정이라고 한다. 즉, 발견은 인식에 해당하고 감정은 인식으로 인한 반응에 해당한다. 그렇기 때문에 감정은 후행적이면서 즉각적이고 주관적일 수밖에 없다.

이 즉각적이면서 주관적인 감정은 뇌의 중추신경의 영향을 받는 것이 아니라, 우리 몸을 보호하고 일정한 상태를 유지하도록 간뇌와 시상하부 그리고 척수를 통해 이어지는 자율신경계의 영향을 받는다. 공이 날아올 때, 몸을 다치지 않기 위해 즉각적으로 반응하는 것, 소변이 마려울 때 바로 신호가 오는 것 등이 우리 몸의 항상성을 유지하기 위함이다.

이 자율신경에 교감신경과 부교감신경이 있는 것이다. 교감신경은 우리의 몸을 방어하기 위해 긴장을 유발하는 성질이 있고, 부교감신경은 우리의 몸을 원래대로 회귀하기 위해 이완하는 성질이 있다.

다시 길을 가다가 지갑이 떨어져 있는 것을 발견하는 상황으로 가보자.

길을 가다가 우연히 무엇을 발견했다. 이때 무언가에 대해 몸을 방어하도록 교감신경이 작동하면서 몸에 긴장을 유발한다.

반응 → 교감신경 → 긴장 → 불안정 호흡

하지만 자세히 보니 지갑이다. 긴장감은 살짝 안도감으로 바뀐다. 이러한 부분을 길항작용이라고 한다. 즉, 교감신경과 부교감신경은 서로 반대로 작용하려는 경향이 있다. 그 지갑 안에 무엇이 들어있는지를 보니 현금이 가득하다. 그 돈을 보니 가슴이 뛴다. 긴장감이 안도감으로 바뀌고 다시 설렘으로 바뀌는 과정이다. 그러면서 도파민이라는 호르몬이 나오게 되고 행복한 감정으로 바뀐다.

반응 → 부교감신경 → 이완 → 안정 호흡

인간의 신체는 이처럼 매우 복잡 미묘한 체계를 이루고 있다. 특히, 감정과 연관이 있는 자율신경계는 최고로 복잡하면서 섬세한 시스템으로 이루어져 있다. 이러한 메커니즘과 시스템을 정확히 알고 있어야 감정을 표현할 때의 교감과 부교감신경의 역할을 이해할 수 있고 그로 인한 감정표현을 주체적으로 할 수가 있다.

감정이라는 것이 즉각적이고, 후행적인 반응이기 때문에 우리는 순간적으로 감정을 조절하고 표현하는 것이 매우 어렵다. 그렇기 때문에 우리는 외형적으로 보일 수 있는 것을 조절하는 방법을 채택해야 한다. 바로 그러한 방법이 '호흡'이다. 이 '호흡'을 얘기하려면 '외적인 환경'에 대한 부분을 이해해야 한다. '파블로프의 조건반사'에 대한 이야기를 누구나 한 번쯤 들어왔을 것이다. 파블로프의 조건반사의 핵심은 개가 먹이를 먹을 때마다 종을 치면, 개에게 먹이를 주지 않고 종을 치더라도 침을 흘린다는 학설이다. 즉, 개의 본능으로 인해 침을 흘릴 수도 있지만, 외적인 환경을 통해 본능을 자극할 수도 있다는 이야기이다. 바로 감정의 외적인 환경을 자극하는 것이 '호흡'이라는 이야기다.

먼저, 직장 상사에게 질책을 들었다고 가정해보자. 그때의 신체와 호흡의 변화를 살펴보자.

직장 상사가 "일을 그런 식으로밖에 못해?"라는 애기를 할 때 우리는 몸의 긴장을 느끼게 된다. 그리고 그 긴장은 불안정한 호흡을 일으킨다.

이번에는 일을 마치고 집에 들어와서 소파에 앉는 상황이라고 가정해 보자.

소파에 앉는 순간 몸의 이완이 느껴질 것이고 호흡 역시 편안하게 될 것이다.

우리가 감정이라고 하는 것은 후행적인 작용이라고 해도 과언이 아니다. 왜냐하면, 감정은 자발적으로 생기는 것이 아니라 어떤 반응을 통해 느껴지는 것이기 때문이다. 즉, 우리가 지나가다가 어떤 모서리에 부딪힌다고 생각하자. 부딪혔을 때 신경을 통해 '통증'이라는 것을 느낀다. 그리고 그 통증을 이완시키기 위해 즉, 신체의 평형상태를 위한 메커니즘이 작용한다. 이러한 메커니즘을 '항상성'이라고 얘기한다. 그리고 그 항상성은 특히 자율신경을 통해 나타날 수가 있다.

왜냐하면, 대뇌로 이어지게 되면 시간이 길어지기 때문에 신체를 바로 방어할 수 있도록 간뇌와 연수를 통해 자율신경의 지배를 받게 되는 것이다. 신체의 방어를 담당하는 자율신경이 '교감신경'이고 신체의 이완을 담당하는 자율신경이 '부교감신경'이라고 생각하면 된다.

따라서 통증을 느낄 때 우리의 몸이 스스로 방어하기 위해 교감신경이 작동하고 또한 아드레날린이라는 호르몬이 분비가 되어 긴장 상태를 유지

한다. 그래서 불규칙한 호흡이 생기고 '놀람'이라든가 '화'라는 감정이 후행적으로 느껴지게 되는 것이다. 그리고 긴장 상태가 계속 유지되는 것은 신체의 항상성을 파괴할 수 있기 때문에 시간이 갈수록 부교감신경의 영향을 받아 이완을 유지하게 되고 그때 '눈물'이라는 액이 분비가 되며 우리는 이러한 감정을 '슬픔'이라고 하는 것이다.

여기서의 핵심은 감정을 통제하는 것은 어렵다는 얘기이다. 더군다나 자율신경을 스스로 지배하는 것은 불가능에 가깝다. 그렇기 때문에 우리가 파블로프의 조건반사처럼 외형적인 것을 조절해서 감정을 조절하고 표현하면 되는 것이다. 그리고 그러한 외형적인 방법이 바로 '호흡'이다.

호흡을 활용한 감정표현

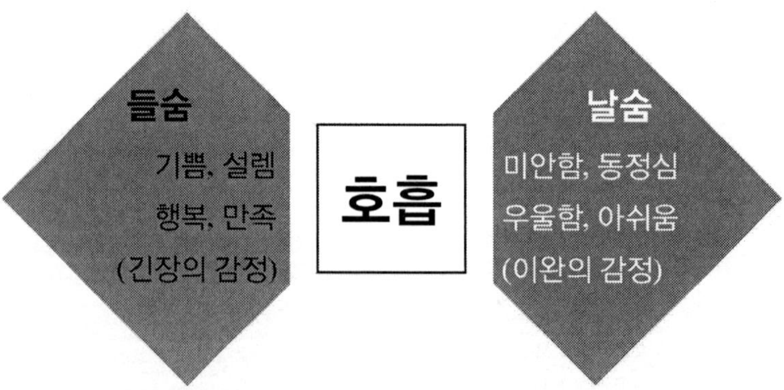

호흡은 들숨과 날숨으로 규정할 수 있다. 들숨은 들어 마시는 숨 그리고 날숨은 내뱉는 숨이다. 여기서 중요한 것은 들숨은 주로 행복, 기쁨, 즐거움, 설렘 등의 긍정적 감정과 연관이 있고 날숨은 우울함, 탄식, 실망, 아쉬움 등의 부정적인 감정과 관련이 있다는 것이다.

사람이 표현하는 감정은 대략 108가지 정도에 이른다.

이렇게 수많은 감정들은 크게 '긍정적 감정'과 '부정적 감정'으로 나눌 수 있다.

행복, 기쁨, 쾌락, 환희 등의 감정은 '좋은 감정'이고 짜증, 분노, 우울함, 슬픔, 오열 등은 '나쁜 감정'에 포함된다.

긍정적인 감정 즉, '행복', '기쁨', '즐거움' 등은 주로 호흡을 들이마시면 생긴다. 즉, 들숨의 호흡은 주로 행복, 기쁨, 쾌락, 환희를 표현하는데 도움이 있다.

한국 사람은 행복한 표현에 서투르다. 왜냐하면, 어린 시절부터 기쁨을 표현하는 감정에 어색하기 때문이다. 그것은 유교의 교리에서 찾을 수 있다. 유교의 좋은 점도 많지만 참아야 하고 감정을 잘 표현하면 도리가 아니라는 것 때문에 감정, 특히 기쁜 감정에 서투른 부분이 많다.

'행복하다.'라는 말을 해보자. 생각보다 그 느낌을 전달하기가 어려울 것이다. '행복'이라는 말에 우리는 인색하고 또 사회가 전체적으로 행복하지 않기 때문이다.

여기서 ‘아.’라는 감탄사를 넣어서 ‘아. 행복해.’라고 말해보자. 처음보다는 ‘행복해’라는 말을 조금 더 마음으로 느낄 수 있을 것이다.

‘행복해.’라고 할 때는 감탄사와 같은 짧은 들숨을 통해 감정표현을 도와주는 것이 좋다.

이번에는 ‘즐거워.’라는 말을 해보자. 이 역시 쉽지 않을 것이다. 그래서 이번에는 ‘아.’라는 감탄사를 들숨을 통해 ‘아. 즐거워.’로 연계해서 표현을 해본다. 들숨이 감정을 자극하기에 조금 더 ‘즐거워.’라는 느낌이 생기기가 수월할 것이다.

호흡이 감정을 표현하는데 많은 도움을 주는 것에 대해서는 과학적으로 역학적으로 충분히 설명했다.

중요한 것은 이해를 하는 것이 아니라 표현을 하는 것이다. 그래야 다양한 상황에 맞춰 적용을 할 수 있게 된다.

부정적인 감정 ‘우울’, ‘짜증’, ‘분노’, 등은 호흡을 내뱉으면 쉽게 감정이 생긴다. 특히 정적인 감정 ‘우울’, ‘그리움’, ‘불쌍함’ 등은 호흡을 천천히 내뱉고, ‘분노’나 ‘짜증’은 호흡을 빠르게 내뱉으면 그러한 감정이 생긴다.

먼저 ‘우울하다.’라는 감정을 표현해 보자.

'우울하다.'라는 말을 내뱉어 보라. 그럼 일단 표정도 침울해지면서 톤도 가라앉게 된다. 그런데 여기에 '아..'라는 탄식을 넣어보면서 '우울하다.'라는 말을 같이 하는 것이다. 그렇게 말을 하면 '우울하다.'라는 말이 더 생생하게 전달될 수 있다.

마찬가지로 '짜증나.'라는 말을 해본다. 우리는 보통 '짜증난다.'라는 말을 하기 때문에 어렵지는 않을 것이다. 그런데 이때도 '아'라는 날숨을 통해 '짜증나.'라는 말을 결부시키면 짜증의 감정이 훨씬 더 강렬하게 느껴지고 전달이 된다.

우리는 사실 부정적인 감정을 따로 연습할 필요가 없다. 왜냐하면 한국인의 특성상 부정적인 긴장상태와 이완상태가 만연해 있어서 자연스럽게 몸에 체득되어 있기 때문이다. 그럼에도 우리는 감정의 메커니즘을 분명히 이해할 필요는 있다.

그 메커니즘은 바로 '호흡'에 있다. 호흡에 따라 긍정적인 감정이 나오기도 하고 부정적인 감정이 느껴지기도 하는 것이다.

감정표현 기초훈련

1. 알았어 2. 됐어 3. 미안해 4. 고마워 5. 그랬구나

먼저 '알았어, 됐어, 미안해, 고마워, 그랬구나.'라는 말을 가지고 감정을 표현해 본다.

여기서 중요한 점은 '알았어.', '고마워.', '그랬구나.'는 들숨을 통한 감정표현을 '됐어.', '미안해.'는 날숨을 통한 감정표현을 해야 한다는 것이다.

처음에는 그냥 말만 해본다. 그리고 그다음은 호흡을 통해 말을 해본다. 예를 들어, '미안해.'라는 말을 할 때 처음엔 '미안해.' 자체의 의미만 담아서 얘기를 해보고 그것이 익숙해질 때, '아, 미안해.'라는 호흡을 연계해서 말을 해보는 연습을 하는 것이다.

'알았어, 됐어, 미안해, 고마워, 그랬구나.'라는 말을 가지고 본격적인 감정을 표현해 본다.

여기서 중요한 점은 '알았어.', '고마워.', '그랬구나.'는 들숨을 통한 감정표현을 '됐어.', '미안해.'는 날숨을 통한 감정표현을 해야 한다는 것이다.

먼저 '알았어.'를 가지고 감정을 표현해보자. 수긍을 하는 느낌으로 '알았어.'라는 말을 해본다. 감정을 조금 더 제대로 표현하기 위해서 들숨과 병행해서 '알았어.'라는 말을 해본다. 그냥 호흡을 마시는 것이 아니라, 수긍의 느낌이 실려 있어야 한다. 또한, 제스처와 고개를 끄덕이는 비언어와 함께 표현하면 더욱 느낌이 배가 될 수 있다.

이번에는 '됐어.'라는 표현을 해보자. 여기서의 감정은 부정적인 느낌이 아니라 상대방이 무언가를 줄 때 조심스럽게 거절하는 감정표현이다.

먼저 말을 가지고 '됐어.'라고 표현하고 나서, 날숨과 함께 '됐어.'라고 말을 해보자. 말을 할 때와 호흡을 같이 할 때 어떻게 느낌이 달라지는지 체험하는 것이 중요하다.

다음은 '미안해.'라는 표현이다. 먼저 말로써 '미안해.'라는 느낌을 표현해 보고, 날숨과 더불어 '미안해.'라고 말을 해보자. 이때 진심을 담아서 날숨을 통해 감정의 도움을 받으면 그 효과는 배가 된다. 또한, 손짓과 더불어 비언어적인 표현을 병행할 때 미안한 감정으로 보다 수월하게 표현할 수 있다.

'고마워.'라는 말은 들숨을 활용한 감정표현이다. 특히 감사에 대한 표현에 어색해하는 사람들이 많다. 아마도 감사하다는 표현에 익숙하지 않아서 그런 감정을 밖으로 표현하는 것에 대해 낯설어 하는 경우가 대부분이다.

'고마워.'라는 말은 특히 들숨을 활용했을 때 많은 도움을 받을 수 있다. 그냥 감사의 표현은 상대방에게 아무런 느낌을 주지 못한다. 이때, 고개를 숙이면서 들숨과 더불어 감정을 표현하면 감사하다는 느낌이 훨씬 잘 전달될 수 있다.

마지막으로 '그랬구나.'라는 표현이다. 여기서의 감정은 수긍과 맞장구를 하는 느낌이다. '그랬구나.'를 말로만 할 때와 날숨을 통해 공감대를 형성하는 느낌을 비교해가면서 연습해보자. 또한, 고개를 끄덕이거나 손을 맞대며 얘기를 하면 시너지 효과가 나올 수 있다.

1. 정말? 2. 안 됐네 3. 아니야 4. 축하해 5. 진짜야

이번에는 '정말?', '안 됐네.', '아니야.', '축하해.', '정말이야.'라는 말을 가지고 감정표현을 해보자.

'정말?'이라는 말은 상대방의 얘기에 놀라는 느낌의 감정이다. 처음에는 그냥 '정말?'이라는 말을 가지고 가볍게 놀람의 느낌을 표현해보자. 그리고 들숨의 호흡과 함께 놀라는 감정을 표현해보면서 말로만 했을 때와 호흡과 연계했을 때 느낌이 어떻게 달라지는지 느껴보자.

'안 됐네.'라는 말은 상대방의 얘기에 동정의 느낌을 말할 때 쓰는 표현이다.

감정표현의 기초에서 중요한 것은 바로 호흡을 통한 감정표현이므로 호흡이 감정표현에 어떠한 연관성이 있는지를 스스로 체득하는 것이 핵심이라 할 수 있다.

여기서 '아니야.'의 의미는 상대방의 말을 부정하는 것보다는 겸연쩍어서 하는 말에 가깝다. 말로써 '아니야.'를 했을 때와 날숨을 실어서 '아니야.'라는 말을 했을 때의 차이점을 비교하면 많은 도움이 될 수 있다. 또한, 손짓으로 저으면서 동작의 비언어를 활용하면 효과적일 수 있다.

'축하해.'라는 말은 상대방의 어떤 소식에 맞장구를 치면서 하는 기쁨의 표현이다. 말로만 축하한다는 말을 할 때와 기쁨의 호흡인 들숨을 통해 말을 했을 때를 비교해보자. 그리고 박수를 치면서 호흡과 같이 병행하거나 양손을 들어 올려 반가움의 표시를 같이 하는 것도 도움이 될 수 있다.

'정말이야.'라는 말은 상대방이 내 말을 믿어주지 않을 때 자신의 말을 믿어달라고 확인시켜 주는 표현이다.

역시 말로만 확인시켜줄 때와 날숨을 통해 감정을 표현할 때의 느낌을 구분하는 것이 좋다. 그리고 거기에 맞는 다양한 제스처와 시선과 표정의 비언어를 활용하면 그 느낌을 보다 더 생생하게 상대방에게 전달할 수 있다.

1. 설마? 2. 맞아요 3. 너무해 4. 그럼요 5. 아닌데

'설마?'라는 말은 상대방의 얘기를 못 믿겠다는 의미의 표현이다. 처음에는 그냥 '설마?'라는 말을 가지고 가볍게 못 미더움의 느낌을 표현해보자. 그리고 날숨의 호흡과 함께 불신의 감정을 표현해보면서 말로만 했을 때와 호흡과 연동했을 때 느낌이 어떻게 달라지는지 관찰해 보는 것이 좋다.

'맞아요.'라는 말은 상대방의 얘기에 동의를 할 때 쓰는 표현이다.

그렇다면 호흡은? 여기서의 호흡은 들숨이다. 맞장구를 칠 때는 호흡을 들이마시기 때문이다. 말로만 했을 때와 호흡을 들이마시면서 했을 때의 느낌을 비교해보자.

'너무해.'라는 표현은 상대방의 말에 서운함을 느껴서 하는 말이다. 먼저 '너무해.'라고 말을 해보고 날숨을 통해 서운함을 표현하면서 말을 같이 병행하면 '너무해.'라는 말이 더 잘 전달이 될 수 있다.

'그럼요.'라는 말은 상대방의 말에 동의를 하면서 맞장구를 치는 표현이다. 말로만 동의를 할 때와 기쁨의 호흡인 들숨을 통해 말을 했을 때를 비교해보자. 그리고 박수를 치면서 호흡과 같이 병행하는 것도 도움이 될 수 있다.

'아닌데.'라는 말은 상대방의 말이나 의견을 부정하는 표현이다. 여기서의 호흡은 날숨이다. 날숨의 호흡과 더불어 말과 같이 병행해서 느낌을 표현해보자. 그리고 고개를 젓거나 손짓과 같은 비언어를 병행해보자.

들숨의 감정은 주로 긍정적인 감정이거나 흥분의 표현인 반면, 날숨의 감정은 부정적인 감정이거나 차분한 느낌의 표현이 주가 된다.

이러한 점도 유념해서 연습을 하면 더욱 효과적인 훈련이 될 수 있을 것이다.

1. 그런 것 같아 2. 그럼 3. 오해야 4. 이해해 5. 거짓말

'그런 것 같아.'라는 말은 상대방의 얘기에 확실하지는 않지만 동의를 하는 표현이다. 처음에는 그냥 '그런 것 같아.'라는 말을 가지고 가볍게 동의의 느낌을 표현해보자. 그리고 들숨의 호흡과 함께 동의의 감정을 표현해보면서 말로만 했을 때와 호흡과 병행했을 때 느낌을 생각해보자. 또한, 들숨을 활용하는 감정은 대부분 긍정적인 느낌이기 때문에 미소와 더불어서 표현하면 효과적인 비언어가 될 수 있다.

'그럼.'라는 말은 상대방의 얘기에 동정의 느낌을 말할 때 쓰는 표현이다. 여기서의 호흡은 들숨일까? 날숨일까? 그렇다. '들숨'이다. 들숨을 통해서 '그럼.'이라는 표현을 하면 훨씬 더 수월한 느낌의 동의를 표현할 수 있다. 또한, 고개를 끄덕이는 비언어적인 표현은 동의를 구하는 데 있어 도움을 배가시킬 수 있다.

감정표현을 할 때 생각해야 할 부분이 바로 호흡이기 때문에 호흡을 염두에 두면서 훈련을 하는 것이 중요하다.

다음은 '오해야.'이다. 여기서 '오해야.'의 의미는 상대방의 말을 반박하기보다는 잘못된 인식을 풀어주는 말에 가깝다. 말로써 '오해야.'를 했을 때와 날숨을 실어서 '오해야.'라는 말을 했을 때의 차이점을 비교하면 많은 도움이 될 수 있다. 또한, 손짓과 머리를 젓는 동작의 비언어를 활용하면 효과적일 수 있다.

'이해해.'라는 말은 상대방의 어떤 말에 동조를 하는 표현이다. 말로만 동조한다는 말을 할 때와 날숨을 통해 동의를 했을 때를 비교해보자.

'거짓말.'이라는 말은 상대방이 어떤 말을 했을 때 못 미더워할 때 하는 말이다. 날숨을 통해서 불신의 느낌을 더 해보자. 여기서의 '거짓말.'이라는 말은 강한 불신이 아니라 약간 농담조의 느낌이기 때문에 앞에 감탄사 '에이.'라는 말을 더하면 효과가 배가 될 수 있다.

이처럼 말로 감정을 표현할 때와 호흡을 동원할 때 감정의 느낌이 달라지는 것을 체득하는 것이 중요한 포인트이다. 그리고 다른 비언어적인 표현을 활용할 때의 느낌은 더 생생해질 수 있다는 부분도 중요하다.

이러한 기본적인 감정표현을 토대로 조금 더 다양한 감정을 표현할 수 있는 계기를 마련해보자. 처음엔 어색할 수 있지만, 자꾸 연습을 해보다 보면 어느새 자연스럽게 체득할 수가 있기 때문에 한꺼번에 많은 연습을 하는 것보다는 천천히 그리고 꾸준하게 훈련을 하는 것이 좋다.

들숨을 통한 감정표현

들숨을 활용해서 표현하는 감정은 어떤 것이 있을까?

대표적으로 기쁨, 행복, 즐거움 등의 긍정적인 감정 등이 있을 것이다. 그런데 만약 우리가 정말 그러한 긍정적인 감정을 느낄 때는 자연스럽게 표정을 지을 수 있기 때문에 문제가 되지 않는다. 그런데 불행하게도 우리는 즉, 한국인은 각박한 사회에 찌들어져 있기 때문에 늘 경직된 표정을 하고 있다. 직장에서도 버스에서도 거리에서도 마치 좀비처럼 늘 무언가에 쫓기듯 각박한 표정을 짓고 있다.

긍정적 감정은 우리 한국 사람에게 더욱 어렵고 표현이 어렵다. 그렇기 때문에 감정을 조절할 수 있는 외부적인 자극이 필요한 것이다.

그런 외부적인 자극이 바로 '호흡'이다. 즉, 긍정적인 감정을 직접적으로 표현하기 어렵기 때문에 긍정적인 감정을 유발할 수 있는 들숨을 활용하는 것이다. 특히, 한국인은 긴장상태에 억눌려 있기 때문에 긍정적인 감정을 잘 드러낼 수 있는 '들숨의 호흡'을 잘 활용할 필요가 있다. 그런 외적인 호흡의 도움을 받아 조금이나마 긍정적 감정을 잘 표현할 수 있다면 우리의 삶이 더욱 행복해지지 않을까싶다.

그러한 방법을 잘 이해하고 노력해서 체득하게 되면 대인관계는 물론 우리의 삶을 더욱 행복하게 만드는 일석이조의 효과를 얻을 수가 있다.

한국인이 가장 표현하기 어려운 감정이 몇 가지가 있다. 그중 하나가 '행복해.'라는 말의 감정이고 또 하나는 '고마워.'라는 말의 표현이다.

상대방이 어떤 감동을 주었을 때, 감사하는 마음이 있지만 그것을 어떻게 표현할지 몰라서 애를 먹는 경우가 많다. 또는, 나는 감사하다는 표현을 한 건데 내 표현이 제대로 상대방에게 전달되지 않는 경우도 있다.

감동을 받는 것도 좋지만, 그 감동받은 마음을 어떻게 제대로 상대방에게 전달하는가도 중요하다. 왜냐하면, 감정은 스스로 느끼는 것보다 상대방에게 어떻게 전달이 되느냐가 더 중요하기 때문이다.

가정에서의 대화 - 나쁜 예

아빠 : 요새 뭐하고 지내?

아들 : 그냥 공부하고 학교 다니고 그렇지.

아빠 : (물건을 건네며) 자..

아들 : 이게 뭐야?

아빠 : 선물이야. 스마트폰 필요하다며? 요새 그거 많이 쓰더라.

아들 : 사달라고 할 때 사주지. 암튼 고마워.

아빠 : 참 내…

아빠가 아들에게 선물을 하는 상황이다. 나름대로 아빠는 아들이 평소에 말했던 것을 귀담아서 준비했는데 아마도 아들 역시 고마움을 느끼지만 그 표현이 서툰 느낌이다. 그래서 아빠의 정성과는 달리 표현이 정성스럽지 않아 안타까운 경우이다. 감사할 때는 그 감정을 들숨을 통해 표현해야 감정이 제대로 전달될 수 있다. 억지로 호흡을 들이마셔서 감정을 표현하는 것이 아니라 고마운 감정을 호흡을 실어서 얘기할 때 더 전달이 잘된다는 의미이다. 지금 위의 대화에서는 아들이 고마운 감정은 느꼈지만 어떻게 표현할지 몰라서 어색한 표현을 한 경우이다.

가정에서의 대화 - 좋은 예

아빠 : 요새 뭐하고 지내?

아들 : 그냥 공부하고 학교 다니고 그렇지.

아빠 : (물건을 건네며) 자..

아들 : 이게 뭐야?

아빠 : 선물이야. 스마트폰 필요하다며? 요새 그거 많이 쓰더라.

아들 : 와.. 이거 내가 정말 갖고 싶었던 건데.. 진짜 고마워 아빠.. 최고! (들숨)

아빠 : 뭘 이런 걸 가지고. 아무튼 잘 써. 공부 열심히 하고.

들숨을 통한 비언어적인 표현을 하니 보다 감사하다는 의미가 제대로 전달이 되고 있다. 호흡은 연습을 통해서 얻어질 수 있다. 우리는 평소에 많은 호흡을 하지만, 대부분 자각하지 못하기에 감정을 표현할 때 제대로 활용하지 못한다. 평소에 감정표현 특히, 감사의 표현이 잘되지 않을 때는 호흡을 활용해 보아라. 그럼 내가 느끼는 만큼 상대방도 느끼는 감정이 전달될 수 있다.

tip

1. 상대방에게 진심으로 감사해 한다.
2. 들숨을 쉰다.
3. 상대방에게 시선과 행동의 비언어적 표현을 같이 한다.

한국 사람은 참 칭찬에 어색한 부분이 있다. 가령, '옷이 멋져요.'라고 했을 때 '뭘요.' 또는 '아니에요.'라는 말을 하는 경우가 많다. 칭찬할 때는 '감사하다.'라고 하는 것이 사실 상대방의 칭찬에 대한 보답인데 아직, 우리나라가 유교적인 미덕을 강조하는 부분이 있어서 그런지 칭찬에 대해서도 인색하고 대답에 대해서도 인색한 경우가 많다.

다음은 어느 부부의 대화 내용이다.

남자 : 오늘 뭐 했어?
여자 : 나? 어 미용실 갖다 왔는데.
남자 : 어쩐지. 뭔가가 달라졌다 싶더라. 얼마 주고 했어?
여자 : 그냥 했어. 할인 기간이라.
남자 : 파마가 그게 뭐야? 촌스럽게.
여자 : 말 좀 기분 나쁘게 하지 마. 뭐가 촌스러운데? 네 얼굴이 더 촌스러워.
남자 : 무슨 좋은 말을 하려 하면 이렇게 대답하니 칭찬을 할 수 있어야지.

칭찬은 구체적으로 하는 것이 중요하다. 영혼 없이 하는 칭찬은 칭찬이 아니라 대답일 뿐이다. 여기서 구체적으로 한다는 의미는 어떤 부분을 칭찬하는 것인지를 분명히 하는 것이 좋다는 의미다. 그냥 포괄적으로 '예쁘네.'라는 칭찬보다는 '옷이 예쁘다. 목걸이가 피부 톤과 잘 어울린다.' 등의 구체적인 칭찬이 보다 상대방에 대한 관심과 애정이 드러나기 때문이다.

다음과 같이 칭찬하는 것이 좋다.

남자 : 오늘 뭐 했어? 화사해졌네.
여자 : 나? 어 미용실 갖다 왔는데.
남자 : 어쩐지. 뭔가가 달라졌다 싶더라. 머리 웨이브 주니까 더 세련돼 보이네.
여자 : 그래? ㅋㅋㅋㅋ
남자 : 자기는 피부 톤이 하얘서 웨이브를 하면 더 청순해 보여.
여자 : 그래? 배 안고파? 뭐 해줄까?

사실 남편은 칭찬하고 싶었던 모양인데, 그 칭찬 방법이 서툴러서 장난을 친다는 것이 오히려 기분을 상하게 했다. 칭찬하는 것도 연습이 필요하다. 많은 사람들이 무엇을 어떻게 칭찬해야 하는지 모르는 경우가 많다. 그래서 칭찬도 해 본 사람이 잘할 수 있는 것이다.

tip

1. 진심에서의 칭찬이어야 함
2. 상대방에 대한 대가를 바라지 않음
3. 구체적인 칭찬이어야 함

이처럼 들숨을 통해 한국인의 취약한 부분인 긍정적 감정을 표현하는데 많은 도움을 받을 수 있다. 물론 호흡만을 통해 감정을 느낀다는 것은 어불

성설이기는 하지만 한국인의 경직성으로 인한 어색한 감정표현을 완화하는데 많은 도움이 될 수는 있다. 이때 중요한 것은 진심과 더불어서 외적인 부분인 호흡을 같이 활용해야 주체적이고 구체적인 긍정적 감정표현을 할 수 있다.

날숨을 통한 감정표현

한국인은 특히 분노조절장애와 우울증을 조금씩 갖고 있다. 왜냐하면 지나친 경쟁의 압박과 서열과 타인에 의한 의식으로 인해 긴장상태가 지나치게 높기 때문이다. 그래서 안타깝게도 화, 짜증, 우울감 등의 부정적 감정이 팽배해 있다. 마치 언제 터질지 모르는 시한폭탄과 같다. 우리의 삶이 행복해지고 건강해지려면 이 부정적 감정을 다스리는 무언가가 필요하다. 그러한 부분이 바로 '날숨'이다.

특히 화가 날 때의 경우를 생각해 보자.

운전을 하는데 어떤 차가 깜박이를 켜지 않고 갑자기 끼어든다. 깜짝 놀라서 나도 모르게 욕이 나온다. 창문을 열고 삿대질을 한다. 그러자 상대방 역시 창문을 내리고 "어디서 삿대질이야?"라고 한다. 몸에서 땀이 나고 맥박이 빨라지며 호흡이 거칠어진다. "잘못을 했으면 사과를 해야 할 거 아냐?"라고 소리를 친다. 그러자 상대방이 "차 세워!"라고 소리를 지른다. 차를 세우고 다시 말다툼을 한다. 기분은 기분대로 상하고 중요한 약속은 물거품이 되었다.

집에서도 마찬가지이다.

아들이 늦게 들어와서 일찍 들어오라고 한마디 하자 "잔소리 하지 마."라고 바로 받아친다. 짜증이 나고 서운함이 밀려온다. 내가 어떻게 키운 놈인데 하며 화가 치밀어 오른다. 하지만 한 번은 참고 다시 얘기한다. "이게 잔소리가 아니잖아. 널 걱정해서 늦게 다니지 말라고 얘기하는 거 아냐." 그러자 "엄마. 그게 잔소리야. 왜 똑같은 소리를 반복적으로 해?"라고 한다.

화가 치밀어 오른다. 얼굴이 빨개진다. 맥박이 빨리 뛰기 시작하며 호흡이 불규칙적으로 거칠어진다. 그러면서 자신도 모르게 이런 말을 한다. "이 자식이. 그게 엄마한테 할 소리야?" 그렇게 소리를 지르자 아들도 대꾸를 한다. "엄마는 그럼 나한테 왜 그래? 왜 앵무새처럼 말을 반복적으로 해?"라고 한다. 그러자 생각할 겨를도 없이 이런 말을 내뱉는다. "너 그딴 식으로 말하려면 나가. 이 집에서 나가!" 그리고 아들은 정말 집을 나간다.

몇 시간이 지나도 돌아오지 않고 하루가 지나도 돌아오지 않는다. 걱정이 되고 그때부터 후회가 밀려온다. '그때 내가 조금만 이성적으로 생각했다면…', '왜 내가 그런 말을 했을까…' 하지만 이미 일은 일어나고 난 뒤이다.

이처럼 참아야 할 때 감정을 조절하지 못하면 내 스스로 스트레스를 받거나 상대방에게 이성적이지 못한 말 즉, 실언이나 인격모독과 같은 말을 하게 된다. 그렇기 때문에 날숨을 통해 감정을 조절해야 한다. 감정을 참으라는 것이 아니라, 우리의 건강과 스트레스를 받지 않기 위해 스스로를 지키라는 의미이다.

그래야 스트레스를 받는 일도 없어지고 남에게 실언을 하거나 실수를 해서 후회하는 일도 줄어들며 쿨하게 감정을 받아들이고 표현할 수 있다.

누구나 부탁을 해 본 경험이 있을 것이다. 하지만 생각보다 부탁하는 것이 어렵다. 왜냐하면, 무엇인가를 상대방에게 요구한다는 것은 상대방이 내 요구조건을 들어줘야 하고 다시 말하면 내가 상대방보다 저자세가 되어야 한다는 의미이기 때문이다.

그렇기 때문에 부탁을 어떤 상황에서 어떻게 하느냐는 것은 매우 중요하다.

하지만, 부득이하게 그런 경우에는 첫 번째 고려해야 할 것은 상대방의 기분이다.

부탁을 할 때는 상대방이 기분이 좋을 때 하는 것이 좋다. 상대방이 컨디션이 안 좋거나 일이 바쁘거나 할 때 부탁을 하는 것은 거절을 당할 확률이 높다.

두 번째는 부탁하는 방식이다. 부탁이나 요구를 할 때는 먼저 상대방에게 양해를 구한 후에 자신의 사정을 정확히 얘기하고 어떤 점을 부탁하는지를 명확히 해야 한다. 양해를 구했을 때는 애매모호하게 얘기하는 것은 바람직하지 않다.

이렇게 부탁하는 경우가 있다.

철민 : 미희야.
미희 : 어?
철민 : 기태한테 이것 좀 전달해줘.
미희 : 아.. 나도 지금 바빠
철민 : 아 그래? 알았어.

일단 상대방에게 먼저 양해를 구해야 한다. 어떤 부탁할 때는 상대방의 기분과 입장을 헤아려야 한다. 즉 상대방의 마음이 열린 상태에서 부탁이나 요구를 해야 한다. 상대방이 편하게 들을 수 있는 환경을 만들고 나서, 부탁이나 요구를 할 때는 먼저 상대방에게 양해를 구한 후에 자신의 사정을 정확히 얘기하고 어떤 점을 부탁하는지를 명확히 해야 한다. 양해를 구했을 때는 모호하게 얘기하는 것은 바람직하지 않다.

그럴 때는 이렇게 부탁하는 것이 좋다.

철민 : 미희야. 혹시 잠깐 시간돼?
미희 : 어 왜?
철민 : 내가 지금 좀 급한 일이 있어서 그런데. 혹시 기태한테 이것 좀 전달해 줄 수 있겠어?
미희 : 많이 급한가 보네?
철민 : 어, 선생님이 잠깐 보자고 해서. 이거 오늘 동호한테 꼭 주기로 했거든.
미희 : 알았어. 이따가 갈 때 줄께.
철민 : 어 고마워. 미희야.

tip

1. 상대방에게 먼저 양해를 구함
2. 상대방의 기분과 입장을 헤아림
3. 자신의 사정을 정확히 얘기하구 어떤 부분을 부탁하는지를 명확히 함

거절 역시 어려운 대화 방법이다. 거절을 할 때 중요한 포인트는 상대방이 최대한 기분이 상하지 않게 얘기하는 것이다. 물론 이별이나 거절 등의 부정적인 대화는 상대방이 유쾌할 리가 없다.

그렇기 때문에 최소한의 손실을 입히는 것이 중요하다.

오 과장 : 김 대리, 회의실 예약이 되어 있는지 확인 해줘.
김 대리 : 저 지금 일이 있어서요.
오 과장 : 뭐?
김 대리 : 제가 지금 이 과장님께서 주신 일을 마무리를 해야 해서요.
오 과장 : 그래서 지금 내 말 무시하는 거야?
김 대리 : 그게 아니라, 제 뜻은 그 말이 아니고요.
오 과장 : 됐어!

흔하게 볼 수 있는 유쾌하지 못한 거절의 상황이다.

거절할 때는 왜 내가 거절을 할 수밖에 없는지에 대한 당위성을 얘기해야 한다. 그리고 지금은 거절해도 나중에 할 수 있는 부분인지 아니면 아예 수락을 할 수 없는 부분인지를 명확히 표현해야 한다. 다만, 상대방의 기분을 상하지 않게 하기 위해서는 거절할 수 없는 이유를 납득이 가게 하는 것과 더불어 그 당시의 분위기를 부드럽게 풀어주면서 얘기하는 것이 중요하다.

거절할 때는 다음과 같이 하는 것이 좋다.

오 과장 : 김 대리, 회의실 예약이 되어 있는 지 확인 해줘.
김 대리 : 김 과장님, 죄송한데 그거 급한 일이세요? 제가 지금 바로 보고서를 제출해야 해서 혹시 그거하고 나서 바로 하면 안 될까요?

오 과장 : 무슨 보고서?

김 대리 : 어제 이 과장님이 지시한 보고서를 5시까지 제출해야 해서요. 그거 제출하고 바로 확인해서 말씀드려도 될까요?

오 과장 : 아 그래? 알았어. 얼른 마무리하고 나한테 얘기해줘.

김 대리 : 네. 알겠습니다.

tip

1. 부드러운 분위기를 유지하면서
2. 어느 정도 수용 가능한지
3. 거절을 할 수 밖에 없는 이유

긍정적 대화이냐 부정적 대화이냐에 따라 감정표현이 달라질 수 있다. 즉, 긍정적 대화는 감정표현을 더욱 배가시키고, 부정적 대화에서는 감정의 손실을 최소화하면 된다.

중요한 것은 타인의 시선을 지나치게 의식하는 것이 아니라, 상황에 따른 감정에 충실해서 감정을 주체적으로 표현하는 것이다. '이 사람은 어떻게 생각할까?'가 아닌 '이 상황에서 어떻게 내 진심을 잘 전달할까?'가 중요한 부분이라는 것이다. 우리는 타인의 의한 관계와 시선으로 인해 고통받아왔다. 더 이상 객체적으로 감정을 표현하는 것은 우리 자신을 더욱 피곤하게 만들 뿐이다. 상황에 충실한 그 사람과의 소통에 충실한 진정성 있는 감정표현을 주도적으로 하는 것이 중요하다는 의미이다.

EMOTION

PART

4

비언어적 표현으로 감정 표현하기

EMOTION

비언어적 표현이란?

한국인의 감정표현이 어색한 이유는 특유의 각박한 사회 속에서 경직된 긴장으로 인한 표정과 표현 때문이다. 우리가 사회에서 누군가를 만나고 나서 이야기를 들을 때 돌이켜보면 그 사람의 이야기가 남을 것 같지만, 사실은 그 사람의 태도와 말투 그리고 인상 등이 더 뇌리에 각인된다. 우리가 전에 배웠던 감정표현 이외에 태도나 말투, 표정, 음성, 제스처, 동작 등이 바로 비언어에 해당된다. 언어가 상대방에게 이성적인 부분을 전달한다면 비언어는 상대방에게 감성적인 부분을 느끼게 한다. 또한, 감정표현은 다른 비언어와 결합이 되었을 때 전달과 표현의 효과가 배가 될 수 있다. 바로 우리 즉, 한국인에게 부족한 감정표현 이외에 비언어에 대한 표현을 구체적으로 이해하고 연습해서 총체적인 감정표현을 하는 것이 중요하다.

그렇다면 먼저 비언어적 표현에 대해 구체적으로 알아보자.

1. 감정 2. 표정 3. 목소리 4. 몸짓 5. 옷차림 6. 거리

먼저, 감정이다.

주로 우리가 감정이라고 함은 '표정'을 얘기하지만, 사실은 표정 역시 감정표현의 일부이다. 실제로 감정이 나타날 때는 호흡이나, 손 떨림이나 몸의 움직임, 안색 등의 모든 몸의 기관에서 표출되기 때문이다.

그렇다면 감정표현이 왜 중요한 비언어의 표현이 될 수 있는가?

우리가 흔히 "고맙습니다."라고 말을 할 때 '고맙습니다.'라는 말은 감사함을 표시하는 의미지만 만약 감정이 없거나 감사하다는 느낌이 부족하다면 언어의 의미만 전달하게 된다. 하지만 말을 할 때 미소와 더불어 진심어린 고마움의 감정표현을 한다면 상대방에게 보다 생생한 느낌의 의미를 전달할 수 있다.

특히, 우리는 긍정적 감정에 대한 표현이 어색하다. 긴장의 강도가 커서 기분 좋은 긴장이나 이완의 표현인 감사, 기쁨, 행복 등의 긍정적 감정을 표현하는데 유연하지 못하다. 그래서 특히 긍정적 감정의 표현에 대해 많이 이해하고 연습을 하는 것이 중요하다.

제스처나 동작 또한 마찬가지이다. '미안합니다.'를 그냥 말하는 것과 고개를 숙여서 '미안합니다.'를 할 때는 상대방에게 더 진심어린 마음을 전달할 수 있다.

대화나 발표를 할 때도 마찬가지이다. 제스처를 적절히 사용해서 생생하게 얘기하는 것과 그냥 얘기하는 것은 생동감에 있어서 차이가 난다.

가령, 음식을 추천하는데 있어서 제스처로 그 음식의 느낌을 손짓으로 생생하게 설명하며 "제가 추천하는 요리는 바로 봄나물 비빔밥입니다. 봄의 향기가 그대로 있는 듯한 세발나물에 바다의 황홀한 맛의 향연을 느낄 수 있는 꼬막까지 곁들인 비빔밥" 이러한 말을 설명하는데 있어 그냥 밋밋하게 말로 설명하는 것과 몸짓과 손짓으로 음식의 맛을 구체적으로 설명하는 것은 차원이 다르다는 것이다.

다양한 상황에서 비언어의 표현으로 상대방에게 진심어린 감정을 표현하거나 주체적인 감정을 나타낼 수 있다. 논리적인 대화가 상대방의 이성을 침투한다면 비언어적인 표현은 상대방의 마음을 침투할 수 있다. 따라서 감정표현을 비롯한 비언어를 익히는 것이야말로 주체적으로 감정을 표현하는데 있어 많은 도움이 될 수 있다.

거리적 표현

거리 역시 비언어 표현에 있어 중요한 부분이다.

상대방을 향하거나 가까운 거리면 상대방과 친해지고 싶다는 의미이고 상대방에게 등을 돌리거나 거리를 두면 멀리하고 싶다는 의미이다. 예를 들어, 우리가 어떤 사람과 친해지고 싶을 때 어떻게 하는지 생각해 보자. 먼저 그 사람을 쳐다본다. 그리고 미소를 띤다. 다가간다. 그리고 인사를 한다.

반대로 만약 우리가 어떤 사람과 가까이 하고 싶지 않으면 어떨까? 그 사람을 쳐다본다. 그리고 가만히 있다. 피하고 싶다. 등을 돌리거나 다른 곳을 본다. 이처럼 거리적인 것으로 상대방에게 심리적인 표현을 할 수 있다. 또한, 감정표현과 함께 활용하면 상대방에게 확실한 비언어적인 표현을 할 수 있다.

가령, 어떤 사람이 나를 자극해서 기분이 언짢아 있다고 생각해보자.

맥박이 빨라지고 호흡이 불규칙적이다. 이때 심호흡으로 감정을 조절한다. 그리고 상대방에게 등을 돌리는 것이 아니라 조금씩 다가가서 진정하라고 얘기한다. 여기서의 거리적 표현은 '나 당신과 다시 얘기를 하고 싶어.'라는 의미이다.

하지만 만약 호흡이 거칠어진 상태에서 짜증을 표현하면서 다가가면 '난 당신과 더 이상 얘기하고 싶지 않아.'라는 의미를 부여한다. 심리에 따라서 거리가 달라질 수 있고, 그 거리는 상대방에게 의미를 주는 비언어적인 표현이 될 수 있다.

시선이 주는 효과

상대방을 어떻게 보느냐에 따라 주는 느낌은 다르다. 위에서 아래로 내려다보는 시선은 무시를 하는 느낌을 아래에서 위로 올려다보는 시선은 공격적인 느낌을 준다. 그렇기 때문에 시선은 비언어적 표현이 될 수 있다.

가령, 어떤 사람이 회사에서 싫은 상사를 마주한다고 생각해보자. 그 상사가 싫기 때문에 거리를 둔다. 그리고 정면으로 쳐다보지 않고 다른 곳을 보며 얘기한다. 그럼 그 의미는 다음과 같다. '난 당신과 친해지고 싶지 않아.'

하지만 좋아하는 상사와 대화를 나눌 때는 어떤가?

좋아하기 때문에 다가가고 싶어 한다. 다가가서 얘기를 나눈다. 그리고 상대방을 다정어린 시선으로 집중해서 쳐다보며 말을 한다. 그 의미는 '난 당신과 친해지고 싶어요.'라는 것이다. 거리적 표현과 더불어 시선 역시 부드러워진다. 그리고 상대방을 쳐다보면서 얘기한다. 상대방을 쳐다보는 이유는 얘기를 나누고 싶다는 암묵적인 표현이다.

이번에는 발표나 프레젠테이션을 생각해보자.

발표나 프레젠테이션에 익숙하지 않은 사람이라면 긴장을 할 수밖에 없기 때문에 청중들을 쳐다보는 데 자신이 없다. 그래서 시선을 정면으로 마주하지 않고 주변을 둘러보거나 잠깐 머무르는 정도의 눈빛을 보내는 경우가 다반사다.

만약, 발표에 자신감이 있거나 경험이 많은 사람이라면 청중들에게 머무르는 시간이 훨씬 많을 것이고 한 명씩 정면을 보려는 노력을 할 것이다.

일상생활에서도 마찬가지이다. 우리가 낯선 사람을 마주할 때는 일단 경계심이 생기기 때문에 부드러운 시선보다는 약간의 거리를 둔 상태에서 의심의 눈빛으로 쳐다볼 수가 있다. 하지만 상대방과 신뢰가 생긴 경우라면 심리적 거리와 더불어 물리적 거리도 허물어지고 시선 역시 한결 부드러워지고 경계심이 없어진다.

거리와 시선은 함께 마치 실과 바늘처럼 함께 따라다니는 비언어이기 때문에 그것을 잘 활용하면 감정표현에 있어서도 많은 도움이 될 것이다.

생생한 화법

비언어적인 표현 중에 또 하나는 바로 '화법'이다. 화법은 말하는 방법을 얘기하는 것으로써 말을 빠르게, 느리게, 강하게, 약하게, 높고, 낮게 하느냐에 따라 말의 느낌이 달라진다. 외국의 법정드라마를 보면 검사나 변호사의 화술의 강약과 빠르기가 무척 섬세하고 유연하게 전달되는 것을 느낄 수 있다. 한국인의 경우 경직성에서 비롯된 어색한 감정표현으로 인해 말을 하는 화술 역시 유연하지 못하다는 것을 느낄 수 있다.

감정 자체를 표현하는 것도 중요하지만 말을 할 때의 강약과 고저, 템포를 활용해서 얘기할 때 감정이 더 생생하게 전달될 수 있기 때문에 화술 역시 중요한 비언어적인 표현이 될 수 있다. 예를 들면, 같은 말을 해도 귀를

기울이게 하는 매력적인 대화를 하는 사람이 있고 자리를 피하게 하고 싶게 하는 대화를 하는 경우가 있다.

비언어적인 화법의 비밀은 말의 리듬과 템포이다.

그렇다면 감정표현을 할 때 리듬과 템포는 어떻게 만들어 가는 것일까?

음악을 연상하면 된다. 재밌게 그리고 인상적으로 말하는 사람들의 특징을 들여다보면 인상적인 리듬이 있다. 예컨대 "제가 그 부분에 대해 강조를 해야 할 것 같습니다."라고 말을 할 때, 어디서 강조가 되어야 할 지, 그리고 어떤 부분을 세게 말할 것인지, 어떤 말에 높낮이를 둘 것인지를 연습해 나가는 것이다.

즉, 리듬과 템포는 음의 높낮이, 음의 강약, 음의 장단, 음의 빠르고 느리기 등으로 표현될 수 있다. 그리고 이 말의 '리듬과 템포'가 화술에 해당한다.

"제가 그 부분에 대해 강조를 해야 할 것 같습니다."라는 말을 갖고 실전 대화 화술훈련을 해보자. 먼저, '제가'를 내린다. 그리고 '그 부분에 대해'를 올린다. 그리고 '강조를 해야 할 것 같습니다.'를 천천히 얘기한다. 그럼 음의 높낮이가 생기면서 자연스레 강조될 수 있다.

강약도 마찬가지이다.

'제가'를 약하게 얘기한다. '강조를 해야 할 것 같습니다.'를 강하게 얘기한다. 그럼 '강조를 해야 할 것 같습니다.'가 더 강조될 수 있다. 이 때 주의할 점은 모든 말에 강조를 두어서는 안 된다는 것이다. 그렇게 되면 그것 역시 지루함을 주게 된다. 강조하는 말을 강조하고 강조하지 않을 말들은 흘리는 것이다. 말의 강약, 빠르기 등을 생각해서 여기서의 주제어인 '제가'를 더 강조하고 이 부분을 때로는 천천히 때로는 빠르게 때로는 정적을 두기도 해서 자연스럽게 리듬과 템포를 만드는 것이다.

이것이 바로 비언어적인 표현을 생생하게 전달하는 리듬과 템포의 기술이다.

높낮이와 빠르기는 말에 생동감을 주고 강약과 강조는 말에 신뢰와 감동을 준다.

보고서나 직장에서 프레젠테이션을 할 때는 강약과 강조를 동원한 신뢰감을 주는 화법, 생동감을 주는 자리에 있어서는 고저와 빠르기를 활용한 화법, 즉 말하는 환경에 따라 적재적소의 화법을 활용하는 사람이 비언어적인 화법을 생생하게 구사하는 사람이다.

다음은 말의 강약으로 신뢰감과 감동을 주는 화술을 연습해 보자.

가는 말이 고와야 오는 말이 곱다라는 말이 있어요.

예를 들어, 상대한테 욕을 하거나 나쁘게 말을 하면

상대방도 기분이 상해서 나에게 똑같이 욕을 할 거예요.

이번에는 “가는 말이 고와야 오는 말도 곱다”라는 말을 갖고 실전 대화 화술훈련을 해보자.

‘가는 말이 고와야’를 올린다. 그리고 ‘오는 말이 곱다.’를 차분히 얘기한다. 그럼 음의 높낮이가 생기면서 자연스레 강조될 수 있다.

강약도 마찬가지이다.

‘가는 말이 고와야’를 강하게 얘기한다. ‘오는 말이 곱다.’를 약하게 얘기한다. 그럼 ‘오는 말이 곱다.’의 느낌이 더 생생하게 전달될 수 있다.

화술은 감정표현과 더불어 표현해야 그 생생한 느낌을 보다 더 잘 전달할 수 있다. 화술에 감정이 담겨 있지 않으면 마치 느낌이 없는 로봇 같기 때문에 설득력이 떨어진다. 그렇기 때문에 감정표현과 같이 연습을 하는 것이 비언어적인 표현을 잘하는 방법이 될 수 있다.

생동감 있는 제스처

1. 감사해요 2. 아니요 3. 잠깐만 4. 그만해 5. 미안해 6. 정말

감정 표현을 잘하는 사람의 특징 중에 하나가 같은 말을 하더라도 제스처 및 손짓, 몸짓을 생동감 있게 표현한다는 점이다. 아무리 대화의 내용이 좋고, 좋은 소리로 말을 했다하더라도 시각적인 효과를 더 하냐 못하냐에 따라 말의 감칠맛이 더 어우러지기도 하고 효과가 반감되기도 한다.

제스처는 화자의 말을 손짓과 몸짓을 통해 표현하는 것이다. 이 제스처는 단어에 대한 몸짓, 상황에 대한 몸짓으로 또 나뉠 수 있다.

가령, "다양한 생각과 의견을 인정하는 것이 중요합니다."라는 주제를 가지고 제스처를 한다면 '중요합니다.'를 표현함에 있어서 엄지를 치켜든다거나, 또는 고개를 한 번 끄덕거리는 것처럼 단어에 대한 제스처를 할 때, 이를 '말 제스처'라고 할 수 있다.

이에 반에 몸 제스처는 "예전에 비행기를 타다가 멀미가 난 적이 있었습니다."라는 것을 표현할 때 비행기가 이륙하는 느낌이라든지, 멀미가 날 것 같은 느낌을 손짓과 몸짓으로 표현하는 것을 '상황에 대한 제스처'라고 할 수 있다.

말을 잘하는 사람, 대화의 주목을 이끄는 사람의 제스처는 생생하다. 그래서 그들의 제스처를 따라 해서 연습해 보는 것만으로 표현의 도움을 얻을 수가 있다.

움직임은 기본적으로 직선과 곡선, 정적과 동적인 움직임으로 나눌 수 있다. 직선의 움직임은 평행선, 대각선, 사각형 등의 형태로 표현할 수 있다.

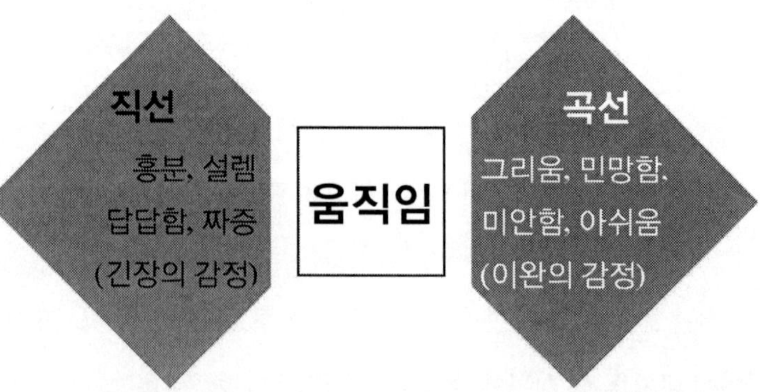

직선의 움직임은 흥분, 설렘, 답답함, 짜증 등과 같은 강한 감정과 연관이 있고 곡선의 움직임은 그리움, 민망함, 미안함 등의 부드러운 감정과 관련이 있다. 또한, 직선과 곡선의 움직임은 호흡에서의 들숨과 날숨과 함께 표현될 때 시너지 효과를 발휘할 수 있다.

즉, 직선과 들숨은 역동적인 느낌, 곡선과 날숨은 정적인 느낌을 주기 때문에 그러한 부분을 잘 활용해서 적용했을 때, 감정을 느끼고 상대방에게 표현하는데 수월할 수 있다는 얘기이다.

직선의 움직임은 강한 느낌을 주고, 곡선의 움직임은 부드러운 느낌을 준다. 동적인 움직임은 역동성을 정적인 느낌은 온화함을 준다. 따라서 이러한 움직임의 특징을 잘 이해하고 표현하는 것이 중요하다.

직선의 움직임	↓	강한 느낌
곡선의 움직임	↶	부드러운 느낌
바깥에서 안쪽	←	내향적인 느낌
안에서 바깥	→	외향적인 느낌
위에서 아래	↓	고압적인 느낌
아래에서 위	↑	부추기는 느낌

위에서 아래, 안에서 바깥으로 움직임이 있을 때, 상대방에게 강한 느낌을 준다. 보통 선거 연설에서 청중들에게 강한 인상을 심어줄 때 많이 쓰는 비언어 표현방식이다. 곡선의 느낌은 부드러운 느낌을 준다. 상대방을 부드럽게 소개할 때 원의 느낌으로 표현할 때 많이 쓰이는 방식이다. 또한, 바깥에서 안쪽으로 제스처를 할 때는 내향적인 느낌을 주고 안에서 바깥쪽으로 펼칠 때는 외향적인 느낌을 준다.

이처럼 움직임과 제스처를 이해하면서 비언어적인 표현으로 활용하는 것이 중요하다.

제스처를 연습하는 방법은 다음과 같다.

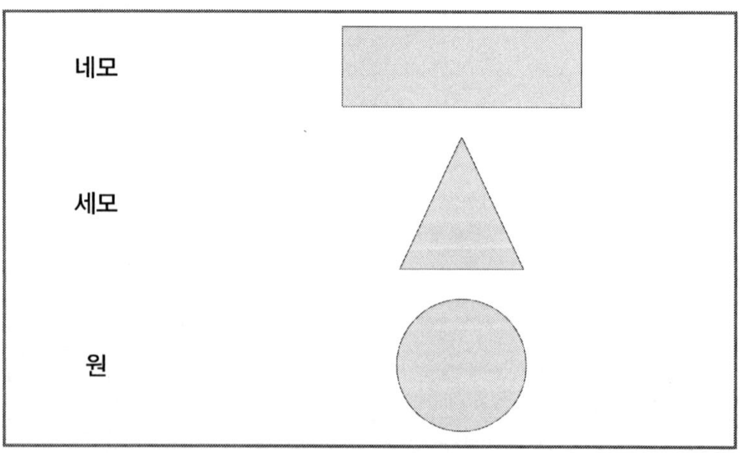

먼저 손을 펴서 붙인 후에 네모를 정성껏 그려본다. 이때 주의할 점은 손끝의 움직임이다. 손끝의 움직임에 중점을 두고 가슴에서부터 느낌이 살아 움직여 손끝까지 그 느낌을 전달하는 것이 핵심이다.

이번에는 원을 마찬가지로 정성스럽게 그려본다. 최대한 원의 형태를 생각하면서 손끝으로 가장 정확한 원을 그린다. 이때 최대한 부드러우면서 섬세하게 원을 그려야 한다.

그리고 다음에는 앞에 어떤 사물이든 놓아본다. 예를 들어 가방, 책상 등의 흔한 물건들을 놓고 똑같이 그려보는 것이다. 그렇게 되면 손의 감각이 키워지게 된다. 그렇게 자꾸 사물을 가지고 똑같이 손으로 그려보면 손의 느낌이 섬세해 지는 것을 느끼게 될 것이다.

이때 주의할 점은 모든 것을 설명하면 안 된다는 것이다.

모든 것에 대한 설명을 제스처로 한다면 오히려 설명이 조잡해져서 시선이 더 분산되게 마련이다. 따라서 강조할 부분, 꼭 필요한 부분을 보다 감칠맛나게 설명하기 위해 필요한 부분이 제스처라고 얘기할 수 있다.

다음의 설명대로 제스처를 연습해 보면 많은 도움이 될 것이다.

안녕하세요 저는 ooo입니다. (인사하며)
너무나 좋은 분들이 많이 계신 것 같아 설렙니다. (손을 앞으로 내밀며)
저는 상황에 따라서 감정을 표현하고 숨기는 법을 (하나씩 가리키며)
배우고 싶어서 여기에 오게 되었습니다. (한 손을 내밀며)
여러분들과 더불어 열심히 배워나가겠습니다. (사람들을 가리키며)
많이 도와주세요, (인사하며)

TIP

'자기소개'를 하는 상황이다. 감정표현과 더불어 제스처를 잘 활용했을 때 그 비언어적 표현의 효과는 배가 될 수 있다. 처음엔 공손히 인사를 하며 소개를 한다. 그리고 자신의 긴장되고 설레는 감정을 표현할 때는 손짓으로 앞으로 내밀면서 느낌을 말한다. '여러분들과 열심히 배워나가겠습니다.'라고 각오를 말할 때는 사람들을 공손히 가리키며 미소를 띠며 말한다. 감정표현과 함께 제스처를 활용해서 자기소개를 하게 되면 훨씬 더 구체적인 느낌이 전달될 수 있다.

고민을 털어 놓는거야. (다가간다)
헝클어지게 흐트러 버리는 거야. (바짝 다가서며)
고민이라는 놈은, 병아리, 비둘기, 참새 같은 놈이라서. (좌우로 걸으며) 흐트려 뜨려야 해. (다가가서) 그래야 저희들끼리 삐약 삐약, 구구구, 짹짹짹 모여들고, 줄을 서고, 내려 앉는 거야. (앉으며) 안그래?

TIP

상대방이 복잡한 생각을 하고 있어서 좀 더 생각을 단순하게 하라고 조언을 하는 장면이다. 상대방이 고민을 차분하게 듣는다. 그리고 다가가서 사람마다의 특징을 생동감 있게 표현해 보자. 특히, 강조를 할 때는 들숨을 은근하고 비밀스럽게 설명을 할 때는 날숨을 통해 감정을 표현해 보자.

환경 미화원이 거리에서 청소를 하고 있었습니다. (한 손 올리며)
어떤 부모는 자식에에게 "나중에 커서 저렇게 되면 안돼." (손으로 가리키며)
라고 말하는 사람이 있는 반면, 또 어떤 부모는 (한 손 올리며)
"저런 분이 계셔서 우리가 이렇게 깨끗한 거리를 걸을 수 있는 거야." (손을 얹으며)
여러분은 자식에게 어떤 마을 하시겠습니까? (양 손 펼치며)

TIP

선입견을 두면 안 된다는 얘기를 하는 상황이다. 현재 우리나라의 문제점 중 하나가 높은 부패지수와 더불어 획일화된 정답주의와 간판주의에 있기 때문에 다원화를 인정하자는 얘기이다. '환경미화원이 청소를 하고 있었다.'라는 말에서는 한 손으로 사람들에게 예시를 보여주는 느낌으로 말하고 '나중에 커서 저렇게 되면 안 돼.'라는 말에서는 환경미화원을 가리키며 얘기를 해야 하고, '우리가 이렇게 깨끗한 거리를 걸을 수 있는 거야.'라는 부분에서는 감사하는 마음을 실어서 손을 얹으면 효과가 배가 된다. 제스처는 정답이 없다. 비언어적인 표현은 하나가 아니라 둘 이상이 합쳐졌을 때 더욱 느낌이 생생해 지는 것이기 때문에 함께 활용하는 연습을 하도록 노력하자.

요즘 진리나 질서가 다 무슨 소용이에요? (반응) (양손을 살짝 벌리며) 그저 돈이 힘이지. (반응) (손으로 돈 모양 만들며)
요즘 세상엔 돈만이 질병과 무능과 굶주림과 (반응) (한 손으로 거들먹거리면서)
치사함의 세상에서 (쳐다보며 천천히 앉으며) 구원해주죠.
그저 없이는 아무것도 없어요. (반응) (쳐다보다가 일어서며)
돈이 사람을 만들고 얼굴을 만드는 세상이죠. (반응) (양 팔 벌리며)

TIP

돈이 중요하다는 얘기를 한탄하며 말하고 있는 부분이다. 지금은 사람보다 돈이 중요하고 돈이 최고라는 얘기를 비꼬면서 말하고 있다. 즉, 말하고 싶은 부분은 돈이 사람보다 우선시되면 안 된다는 얘기를 하는 것이다. '요즘 진리나 질서가 다 무슨 소용이에요?'라는 말을 할 때는 양손으로 살짝 벌리며 주위를 환기시킨다. '그저 돈이 힘이지.'라는 말에서는 돈이라는 의미를 동전 모양을 표현하면서 말한다. '치사함의 세상에서 구원해주죠.'라는 말에서는 한 손으로 비꼬듯이 손을 돌리며 말을 해본다.
우리가 누군가에게 얘기할 때에 생생한 감정을 느낄 때는 언어보다 비언어적인 표현에서이다. 가령, "네가 좋아."라는 말 자체만으로는 감동을 주기 어렵다. 하지만 "네가 좋아."라는 말을 할 때의 그 사람의 음성의 떨림과 손짓 그리고 얼굴표정의 진실함과 순수함이 감동을 주는 것이다.

따라서 주체적으로 감정표현을 하기 위해서는 음성 그리고 제스처 등 바로 이러한 비언어적인 표현을 잘해야 하는 것이다. 이처럼 생생한 감정과 매력적인 화법과 그리고 제스처로 생동감 있게 얘기를 한다면 말에 생기가 생겨 말을 하는 자신은 물론 듣는 이에게 구체적이고 명확한 느낌을 전달할 수 있다.

지금까지 우리는 호흡과 화법 그리고 제스처까지 감정표현을 위한 기초 연습을 해보았다. 이제부터는 본격적인 감정표현을 통해 감정을 주체적으로 발산하고 표현하는 방법에 대해 알아보자.

EMOTION

PART
5

참지 않는 연습

EMOTION

대사를 통한 감정표현

우리는 지금 배우가 되려는 것이 아니다. 우리가 감정표현을 연습하는데 대사를 활용하는 이유는 평소에 지나친 긴장상태로 인해 억눌려 있던 감정, 어색하고 유연하지 못한 표현을 대사 연습과 훈련으로 긴장과 이완의 감정을 구체적이고 주체적으로 표현하기 위함이다. 또한, 그동안 감정을 숨겨야 하는 사회 속에서 표현하지 못했던 감정을 마음껏 표출하여 스스로 왜곡된 감정을 힐링 하기 위함이다.

긍정적인 감정은 더욱 키우고, 억눌려 있던 감정은 마음껏 발산하여 감정표현과 더불어 스트레스를 날려버리기를 간절히 바라는 바이다.

처음에는 어색하고 낯설 수 있지만, 하다보면 다양한 상황에 맞춰 감정을 표현하기도 조절하기도 할 수 있는 노하우가 생길 수 있다. 특히, 호흡을 통해 감정을 표현하는 방법을 대사를 활용해 훈련하는 것이 중요하다.

먼저 기본적인 대사를 가지고 감정과 호흡 연습을 해보자.

이제 좀 그만해. (냉정하게)
넌 언제나 네 생각만 얘기했잖아. (강조하며)
네가 한번이라도 남의 생각이나 의견을 들어본 적 있어? (따지며)
그러니까 너랑 대화가 잘 안 되는 거야. (답답해서)
남 탓만 하지 말고 네 자신을 돌아봐. (차분하게)

TIP

상대방이 고집을 피워 대화가 되지 않자 답답해서 얘기하는 부분이다. 자꾸 자신의 얘기만 일방적으로 하고 자신의 얘기는 경청하지 않자 화가 난다. 견디다 못해 '그만해!'라는 부분을 단호하게 말한다. 그러다 화가 나서 '네가 남의 생각이나 의견을 들어본 적 있어?' 하면서 따진다. 하지만 자신이 흥분했다는 것을 깨닫고 다시 차분하게 얘기를 한다. 여기서의 중요한 포인트는 화가 났을 때 제어를 하는 날숨의 호흡이다. 이러한 호흡을 대사를 통해 연습하는 것이 중요하다.

조금만 더 생각을 해보자. (부드럽게)
너무 안좋은 쪽으로만 생각할 필요는 없어. (다독이며)
어차피 다시 기회는 와. 그러니 조금만 긍정적으로 생각하자. (힘을 실어주며)
지금 이렇게 불안해 한다고 달라질 건 아무것도 없어. (강하게)
그러니 침착하게 생각하자. 알았지? (웃으며)

TIP

상대방이 어떤 일 때문에 좌절해서 기가 죽어있자 기운 내라며 다독여주는 상황이다. 처음에는 안쓰러워 다독여주다가 상대방이 너무 침울해있자 기운을 내라며 희망적으로 웃으면서 부드럽게 얘기한다. 여기서의 포인트는 자신도 안쓰럽지만 미소를 띠며 얘기를 하는 것이다. 미소를 지을 때는 들숨의 호흡을 통해 감정을 조절해야 한다. 사회생활이나 대인관계를 맺을 때 미소를 띠어야 하는 상황이 많으므로 그런 점을 유념해서 연습하는 것이 좋다.

고민을 털어 놓는 거야. (반응) (부드럽게)
헝클어지게 흐트러 버리는 거야. (답답해서)
고민이라는 놈은, 병아리, 비둘기, 철새 같은 놈이라서, (반응) (차분하게)
흐트려뜨려야 해. (강하게) 그래야 저희들끼리 삐약 삐약. 구구구, 짹짹짹 모아들고, 줄을 서고, 내려 앉는 거야. (답답해서) 안그래? (반응) (침착하게)

TIP

상대방이 생각이 많은 것 같아서 생각을 떨쳐버리고 단순하게 생각하라고 조언하는 상황이다. 처음에는 차분히 구슬리면서 얘기한다. 하지만 상대방이 달라지지 않자 답답해서 얘기한다. 그리고 '고민이라는 놈은 병아리. 비둘기.. 부분부터 다시 답답함을 억누르고 차분하게 얘기한다. 하지만 아직도 고민하는 상대방을 보자 답답하다. 이 상황에서의 감정은 상대방의 반응에 따라 처음에는 차분하게 그러다가 점점 답답해지는 것이다. 특히, 답답할 때 호흡을 날숨으로 차분히 내뱉으면서 화를 제어하는 표현이 중요하다.

요즘 진리나 질서가 다 무슨 소용이에요? (반응)
그저 돈이 힘이지. (반응) (놀리며) 요즘 세상엔 돈만이 질병과 (반응) (빈정거리며)
무능과 굶주림과 치사함의 세상에서 구원해주죠.
그것 없이는 아무 것도 없어요. (반응) (여유있게)
돈이 사람을 만들고 얼굴을 만드는 세상이니 말이에요.(걱정하며)

TIP

상대방에게 지금의 현실은 돈이 최고라는 것을 강조하며 말하는 부분이다. 말하는 이는 지금의 물질만능주의에 환멸을 느껴서 답답함을 느끼고 있다. 처음에는 지금의 현실을 풍자하면서 말하고 있다. 그러다가 점차적으로 물질만능주의로 찌들어 있는 현실을 안타까워한다. 특히, 답답할 때와 안타까울 때 호흡을 날숨으로 차분히 내뱉으면서 감정을 내뱉는 표현이 중요하다.

생각을 좀 해 봐! (반응) (답답해서)
머리를 쪼개 보란 말이야. (강조하며)
나는 너의 과거를 알 수도 없고 미래에 대해서 말해줄 수 없어, (냉정하게)
오직 너만 너의 과거든 미래든 책임 질 수 있는 거야. (강하게)
제발 좀 징징거리지마. (반응) (짜증나서)

TIP

상대방이 좌절을 하거나 현실에서 징징거리는 상황이다. 말하는 이는 상대방이 애처럼 구니까 처음에는 답답해서 얘기하다가 진정시키며 다시 차분하게 얘기한다. 그럼에도 불구하고 상대방이 진정을 하지 않자 다시 짜증을 낸다. 특히, 짜증이 나거나 답답할 때 호흡을 가라앉히는 표현을 하는 것이 중요하다.

됐다. 됐어. 풀렸으면 된 거야. (반응) (다독이며)
더 살아봐. (반응) (부드럽게)
언덕을 피해 돌아가면 더 큰 산이 기다리고 있을지도 몰라. (반응) (차분하게)
지금처럼 두 손 꼭 잡고 힘차게 가는 거야. (반응) (강하게)
행복이 별거냐? (웃으며)
이게 바로 행복이지. (털털하게)

TIP

상대방이 어떤 일에 실망을 해서 다독이는 상황이다. 처음엔 다독이며 차분하게 '인생이라는 것이 새옹지마'라는 것을 얘기해준다. 그리고 점차적으로 희망과 긍정의 힘을 불러 넣어준다. 특히, 들숨을 통해 미소를 띠며 얘기하는 것을 연습해 보자.

그 사람은 아주 이기적이였어. (차분히)
사랑하는 동안은 문제가 없었지. 모든게 순조로웠어. (침착하게)
하지만 막상 내가 내 자신을 찾고 내 삶의 중심이 되기를 원했을 때 (화가 치밀어)
그는 나를 전혀 도와주지 않았어. 그래서 갈라선 거야. (자제하며)
어머니가 아이들을 가지게 도니면 남자에게 더 이상 관심을 안 주는건 (강조하며)
자연적인 거야. 자손이 우선이 되거든. (털털하게)

TIP

남자의 이기적인 행태에 답답함과 서운함을 얘기하는 부분이다. 처음에는 침착하게 자신의 과거를 얘기한다. 과거를 얘기하다가 점점 남자의 이기적인 행동이 떠오르고 그 행동은 화와 서운함을 자극한다. 그러한 감정이 올라올 때 날숨을 통해서 스스로 감정을 다스리는 연습을 하는 것이 이 대사의 포인트이다.

사? 말어? 사? 어차피 사봤자 잃어버릴게 뻔한데... (왔다 갔다 하며)
구차하게 안 살 수도 없고.. 꼭 라이터 살 땐 갈등이 된단 말이야.. (머리를 차며)
나는 왜 라이터를 맨날 잃어버리지?... 사자! (손을 탁치며)
이건 몇백원 짜리의 문제가 아니다. 이건 자존심의 문제이야. 이건 나의 위상이 달린 문제라구 (주먹 쥐며) (사이)... 라이터 하나 주세요.. (다가 가며)
도대체 이게 몇 번째야! 머리가 돌인가? 이놈의 고시도 확 때려칠까 그냥... (일어 서며) 이 라이터 가스 다 닮을 때까지 잃어버리면 난 인간도 아니다. 잃어버리면 고시고 뭐고 없다.. (손을 내밀며)

TIP

라이터를 자주 잃어버리는 고시생이 스스로에게 짜증이 나서 '어떻게 하지? 살까 말까?' 고민하다가 다시는 잃어버리지 않기로 다짐하는 장면이다. 스스로에게 화도 나고 짜증도 나지만 살까 말까 고민하는 장면에서는 침착하게 상황을 파악하려는 감정이 중요하다. 그러고 나서 점차 스스로에게 화가 치밀어 올라 감정 조절이 잘 안 되고 있다. 화가 났을 때 날숨으로 호흡을 조정하며 감정을 조절하는 연습을 해보자. 또한, 제스처와 손동작으로 답답함으로 얘기하는 표현을 병행하면 더욱 감정을 표현하는 데 도움이 될 것이다.

내가 말하지만 내가 참을 수 있는데는 한계가 있어. (참으며)
난 그 동안 충분히 너를 위해서 봉사했어. (침착하게)
그런 나보고 다시 그 곳으로 가라고? (황당해서)
그 진흙 속으로 가란 말이야? (강하게)
이젠 네가 갈 차례야. (침착하게)

TIP

상대방에게 당한 만큼 돌려주는 상황이다. 상대방을 위해서 열심히 봉사하고 일을 했는데 그것을 오히려 더 이용하려고 하는 상대방에게 신물을 느끼는 감정이다. 화가 나지만 억지로 미소를 지으며 감정을 자제하고 있다. 미소를 지을 때는 들숨을 활용해서 감정을 조절해보자. 그리고 점점 화가 날수록 날숨을 통해서 감정을 자제해보자. 화가 날 때는 심호흡을 자연스럽게 하는 것이 중요하다. 자신의 감정을 상대방에게 들키지 않는 범위 내에서 날숨으로 조절해야 한다.

그 사람은 아주 이기적이였어. (차분히)
사랑하는 동안은 문제가 없었지. 모든게 순조로웠어. (침착하게)
하지만 막상 내가 내 자신을 찾고 내 삶의 중심이 되기를 원했을 때 (화가 치밀어)
그는 나를 전혀 도와주지 않았어. 그래서 갈라선 거야. (자제하며)
어머니가 아이들을 가지게 도니면 남자에게 더 이상 관심을 안 주는건 (강조하며)
자연적인 거야. 자손이 우선이 되거든. (털털하게)

TIP

남자의 이기적인 행태에 답답함과 서운함을 얘기하는 부분이다. 처음에는 침착하게 자신의 과거를 얘기한다. 과거를 얘기하다가 점점 남자의 이기적인 행동이 떠오르고 그 행동은 화와 서운함을 자극한다. 그러한 감정이 올라올 때 날숨을 통해서 스스로 감정을 다스리는 연습을 하는 것이 이 대사의 포인트이다.

전 남자들의 서글서글한 눈매가 좋아요. (웃으며)
몸에 난 털, 큼직한 다리도 좋아요. (부드럽게)
그리고 남자들에겐 여자를 매혹하는 특별한 기관이 있어요. (차분하게)
두드러진 목젖 말이에요. 그런 남자들이 저한테 말을 걸어오는 순간 (강하게)
전 떨리기부터 해요. 지금 가서 닭을 끓일게요. 당장 끓일게요. 당장. (강조하며)
다음 번엔 치즈가 든 수프를 만들어 드릴까요. (웃으며)

TIP

남자가 맘에 들어 유혹하는 장면이다. 상대방을 유혹하기 위해 부드럽게 얘기를 하며 칭찬을 한다. 그리고 상대방의 기분을 좋게 하며 요리 실력을 자랑한다. 칭찬을 할 때 들숨을 통해 감정표현을 한다. 또한, 상대방의 반응으로 보며 부드럽게 말을 한다. 상대방을 유혹하기 위해 미소를 지을 때는 들숨을 통해서 감정표현을 해야 한다. 즉, 이 대사의 포인트는 들숨을 통해서 칭찬과 유혹을 하는 것이다.

가벼운 대사를 가지고 들숨과 날숨을 통해 감정표현 연습을 해보았다. 안 되는 부분이 있으면 다시 한 번 연습을 해보길 권장한다. 왜냐하면, 배우들이 아니기 때문에 다양한 감정을 표현하는 데에는 제약이 있을 수 있고 어색한 부분이 있을 수 있다. 그 어색함을 가벼운 연습을 통해서 익숙함으로 바꾸는 것이 중요하기 때문이다.

남자 연극대사

다음은 남자 연극대사이다. 실제 대사를 가지고 감정 연습을 해보면 더욱 감정 표현 연습을 하는 데 도움을 받을 수 있다.

조금은 어색하고 낯설겠지만, 특히 감정 표현이 어색하거나 서툰 사람의 경우 많은 도움이 될 수 있다.

감정 표현과 더불어 감정을 표현할 때 들숨과 날숨의 호흡에 신경을 써서 연습해보자.

『시련』중, 덴포스

얘들아, (엄중하게) 법은 거짓 증언을 하는 사람도 또한 벌한다.
그건 그렇고 (떠본다) 어쩌면 이 조서가 우릴 속이기 위해 위조된건지도 모르겠다.
또 메어리 워렌이 악마의 꾀임에 빠져서 (반응) (강조) 우리로 하여금 신성한 목적을 져버리게 하기 위해 쓴 건지도 모르겠다. (단호히) 만약에 그렇다면 (차분히 경고) 저 앤 벌로서 목을 잘릴 게다. (강하게) 그러나 저 애의 말이 사실이라면 (반응) 너희들은 (부드럽게) 당장 그 가면을 벗고서 거짓말했음을 솔직하게 고백해야 한다. (단호하게) 고백은 빨리 하면 할수록 너희들한테 이러운 거니까. (위압적으로) (반응) (사이) 아비게일 윌리엄즈, (부드럽게) 일어나거라. (아비게일은 천천히 일어난다)

●●● 줄거리

연극 '시련'의 한 장면이다. 줄거리는 다음과 같다. 692년 메사츄세츠 주의 세일럼 마을에서 어른들이 경건하고 도덕적인 종교적 생활에 짓눌린 10대 소녀들이 벌거벗은 채 춤을 추며 악마의 의식을 거행한다. 친구들과 함께 춤을 추었던 패리스 목사의 딸인 베티가 쓰러지면서 사람들은 베티에게 악마가 들었다고 몰아세우기 시작한다. 베티의 친구인 애비게일은 가정을 꾸리고 있는 농부 프락터와의 육체적 욕망에 사로잡혀 그의 부인 엘리자베스를 죽이려는 충동에 빠진다. 사람들에게 춤추는 모습을 들킨 소녀들은 자신들의 끔찍한 행동에 악마가 찾아들었다고 거짓을 고백하게 되고, 마을을 온통 마법과 악마에 관한 아우성으로 떠들썩하게 만든다.

소녀들의 집단 광란에 의해 세일럼의 사람들은 마녀재판이라는 이름으로 하나 둘 교수대의 희생자로 사라지지만, 프락터 부인을 향한 아비게일의 증오심은 식을 줄을 모른다. 소녀들의 거짓과 권력자의 위선에서 비롯된 세일럼의 마녀 재판은 종교의 중압감이 더해지면서 극도의 혼란으로 치닫게 되고, 진실을 밝히고자 하던 프락터는 끝내 순교자의 길을 선택한다.

---

tip 지금 이 부분은 덴포스라는 주지사이자 판사가 객관적으로 범인을 취조하는 장면이다. 특히, 짜증이 나거나 답답할 때 호흡을 가라앉히는 표현을 하는 것이 중요하다. 범인이 누구인지를 알아내기 위해 누가 거짓말을 하는지를 평정심을 유지하며 얘기한다. 여기서의 포인트는 평정심을 유지할 때 날숨을 내뱉는 것이다. 날숨 연습을 하면서 포커페이스를 유지하는 감정표현 연습을 해보자.

『벚꽃동산』중, 로빠힌

그 자가 사만 오천을 불렀고, 난 오만 오천으로 응수했어요. (해명하며)
이렇게 그 자는 오천씩 올려가는데, 나는 일만씩 올렸죠... (반응)
마침내 끝이 났어요. (강조) 부ㅒ 위에 구만을 불렀더니.
결국 내게로 낙찰 되었어요. (사람들 싸늘한 반응) (무시하듯 기뻐하며)
이 벚꽃 동산은 이제 제 거예요! (시위하듯이) 제 거라구요! (반응)
(호탕하게 웃어댄다) (강조) 오오, 하나님, 벚ㄲ초 동산이 이제 내 거예요.(반응)
제가 (무시) 술에 취해 미쳐 버렸다고 해도 좋고, 제가 꿈을 꾸고 있다고 해도 좋아요.. (반응) (설움에 차서) 그러나 저를 비웃지는 말아 주세요!

●●● 줄거리

연극 '벚꽃동산'의 한 장면이다. 줄거리는 다음과 같다. 벚꽃동산의 여지주 라네프스카야는 파리에서 생활하다가 다시 자신의 고향인 아름다운 벚꽃동산으로 돌아온다. 하지만 그 아름다운 벚꽃동산은 빚더미에 올라 이자를 갚지 않으면 경매로 처분되어야 하는 상황. 신흥재벌 로빠힌은 라네프스카야를 위해 벚꽃동산을 별장지로 임대하라고 설득하지만, 라네프스카야와 그녀의 오빠 가예프는 그들의 과거와 추억이 서린 공간을 임대하는 것을 내켜하지 않고, 로빠힌의 제안을 계속해서 무시한다. 시대의 변화에 발맞출 것을 요구하는 로빠힌의 요구에도 과거의 아름답고 행복한 시간에만 머물러있고 싶은 라네프스카야의 향수어린 생각에 결국 별장은 경매로 넘어가게 된다. 경매로 벚꽃동산을 낙찰 받은 로빠힌은 새로운 영지의 주인이 되어 임대사업을 벌려나가고, 라네프스카야를 비롯한 나머지 가족들은 각자의 인생을 위해 새로운 출발을 한다. 그리고 별장을 지키던 피르스 노인은 추억에 젖으며 의자에서 마지막을 맞이한다.

tip 신흥재벌 로빠힌이 경매에서 벚꽃동산을 사서 기뻐하는 부분이다. 처음에는 왜 경매에서 자신이 낙찰을 할 수밖에 없느지 그 당위성을 피력하지만, 아무도 로빠힌의 얘기를 듣지 않는다. 하지만 이에 굴하지 않고 자신이 이 벚꽃동산의 주인임에 기뻐한다. 여기서의 포인트는 사람들이 인정하지 않아 서운하지만 이에 굴하지 않고 기뻐하는 것이다. 특히, 사람들의 반응에 개의치 않고 들숨의 호흡으로 기쁨을 표현하는 것이다. 들숨으로 기쁨의 표현 연습을 해보자.

남자 영화대사

다음은 남자 영화, 드라마대사를 가지고 감정표현 훈련을 해보자.

『미생』중에서. 한석율 - 드라마

(옥상에서 인턴동물들을 향해) 직장생활 하면서 가장 괴로운 걸 알았어. (화를 참으며) 보기 싫은 놈을 매일 봐야 한다는 거. 너무 짜친 잘못들과 거짓말이 너무 많아서 (억울해서) 말하는 사람을 열라 치사하게 만드는 거 ! 근데 그런 놈을 상사들이 더 좋아하는거 (짜증나서) 그리고 내가 한 일이 다 그놈 것이 된다는거. (장그레의 말을 자르며) 대리밖에 안 되는 사람이 강하면 얼마나 강하겠어? 진짜 싸우는 법을 모르는 거 같은데 싸움은 선빵이야. (강조) (장그레를 보며) 너무 나한테 날렸잖아. 까짓 것 그만들 각오하면 되는 거라고. (과감하게)

가면 가고 아니면 아닌 거야! 하하하! (다시 사무실 안으로 들어간다) (자신감 있게)

●●● 줄거리

원작 만화 '미생'을 바탕으로 만든 드라마이다. 드라마의 내용은 다음과 같다. 바둑만을 꿈꾸며 미래를 그려왔던 장그래(임시완)는 프로입단에 실패하게 된다. 고졸에 딱히 내세울 게 없는 스펙을 가진 장그래는 평소 바둑을 좋아하는 자신의 팬의 덕택으로 '원 인터네셔널'이라는 기업에 인턴으로 들어가게 된다. 명문대에 외국어 하나 정도는 능통한 어마어마한 스펙으로 겨우 인턴이 되는 형편에 고졸에 어떤 스펙도 없이 낙하산으로 들어온 그를 반갑게 맞이할 리가 만무한 기업 사람들 사이에서 일어난 직장 이야기이다.

tip 드라마 '미생'에서 자신을 괴롭히던 성 대리를 향해 옥상에서 복수를 외치는 장면이다. 먼저 감정을 참으려고 하는 부분에서는 날숨을 활용한다. 그리고 점차 감정을 참지 못하는 격양된 상태가 될 때는 들숨과 날숨을 번갈아 활용하면서 흥분된 감정을 이끈다. 화를 참을 때는 날숨, 강조하거나 감정을 적나라하게 드러낼 때는 들숨을 활용하면서 감정을 표현하는 것이 중요하다.

『건축학개론』중, 납득이

일단 소주 한병을 사. 그리고 걔네 집 앞에 가는거야. 가서 소주를 병나발로 딱! 불고.. (천천히)전 화를 해. 받잖아? 그럼 딱! (여유있게)집 앞이다. 잠깐 나와. (단호히) 그러고 그냥 딱! 끊어. 그냥. 그냥 끊어. (아는 듯이) 그럼 그사람이 궁금하게 돼있어. 갑자기 왜?(궁금해서)이러면서 나오게 돼있어. (강조) 근데 너한테 술 냄새가 팍 날 꺼 아니야.(확신에 차서) 그럼 일단 쫀다고, (되물으며) 납득이 안 되잖아? (궁금해서) 갑자기 와서 술 냄새. 뭐지 이거. 낯선데.. (과감히) 그때. 딱 다가가, 딱 다가가, 그럼 걔가 첨엔 무서우니까.. (여유있게) 뒤로 슬슬 물러난다고. 그러다가 벽에 딱 부딪히잖아. 그럼 딱! (천천히) 아무 말도 않고 돌아가. 절대 뒤 돌아보면 안돼.

●●● 줄거리

영화의 내용은 다음과 같다. 생기 넘치지만 숫기 없던 스무 살, 건축학과 승민은 건축학개론 수업에서 처음 만난 음대생 서연에게 반한다. 함께 숙제를 하게 되면서 차츰 마음을 열고 친해지지만, 자신의 마음을 표현하는데 서툰 순진한 승민은 입 밖에 낼 수 없었던 고백을 마음속에 품은 채 작은 오해로 인해 서연과 멀어지게 된다. 그리고 '다시 사랑할 수 있을까?'라는 생각을 한다. 15년 만에 그녀를 다시 만났다. 서른다섯의 건축가가 된 승민 앞에 15년 만에 불쑥 나타난 서연. 당황스러움을 감추지 못하는 승민에게 서연은 자신을 위한 집을 설계해달라고 한다.

자신의 이름을 건 첫 작품으로 서연의 집을 짓게 된 승민, 함께 집을 완성해 가는 동안 어쩌면 사랑이었을지 모를 그때의 기억이 되살아나 두 사람 사이에 새로운 감정이 쌓이기 시작하지만 결국 이루어지지 못한 기억의 습작이 되고 만다.

참조 - 네이버 영화

tip 영화 '건축학 개론'에서 동네 노는 삼수생 납득이가 연애에 어설픈 순진한 대학생 승민이에게 연애기술을 말해주는 장면이다. 연애에 밀고 당기기가 중요하다며 다양한 방법으로 연애기술을 알려준다. 때로는 과감하게 때로는 여운을 남기는 방법을 얘기하는데 자신감 넘치는 감정으로 표현한다. 특히, 들숨과 날숨을 섞어가면서 과감하게 말을 할 때는 들숨을 통해 흥분을 침착하게 말을 할 때는 날숨을 통한 감정을 표현하는 것이 중요하다.

『타짜』중. 고광렬

헤헤. 제가 화투 친 지 얼마 안 돼 가지고.. (웃으며) (화투를 돌리며) 죄송합니다. 죄송합니다. (사람들 쳐다보며) 땡이냐. 땡이냐. 땡이.. (기대하는 척) 으웩 아 이런 개패네. (실망한 척) 아이씨 아이 몰라. 7로 먹어. 패로 치냐 돈으로 치지. (3백을 건다) 안 그렇습니까? 헤헤헤. (동의 구하며) 아 죽이시고, 아 무서우시면 죽으시던가. (장난치며) 주무시기 무서우면 시집가야지 말아야지. 안 그래요? (바람잡고) 아 빨리 합시다. 돈 딸 시간도 없는데 (재촉하며) 캬 하하하하하하 화투에 침 발라났나? (화투 두장을 탁탁 맞대며) 이게 이렇게 안 떨어지네. 이게 이게 이게. (바람 잡으며) 으캬캬캬 아 이런 패로 다 먹고, (눈치 보며)

●●● 줄거리

영화의 줄거리는 다음과 같다. 가구공장에서 일하는 고니(조승우)는 우연히 박무석 일행이 치는 화투판에 끼어들어 빠져들게 된다. 점점 돈을 잃어가던 고니는 이성을 잃고 집에 들러 누나의 전셋집 마련할 돈까지 몽땅 날려버린다.

뒤늦게 타짜들의 속임에 넘어갔다는 것을 깨달은 고니는 박무석 일행에게 복수를 하기 위해 화투판에 찾아갔고 그곳에서 대한민국 넘버원 타짜 평경장을 보게 된다. 평경장에게 손기술을 배워 잃은 돈의 다섯 배만 따면 그만두겠다는 결심을 하고 평경장의 집에 장기간 체류하며 화투의 기술을 배워 간다. 그리고 실력을 쌓은 고니는 자신을 화투판에 끌어들인 박무성 일행에게 복수를 한다. 이 과정에서 고니는 정 마담(김혜수)를 만나 사랑에 빠지게 된다. 고니는 돈을 충분히 벌었다는 생각에 평경장과 이별을 하게 되지만 화투에 대한 미련을 버리지 못한다. 정 마담과 함께 화투판을 다니다가 만난 타짜 고광렬(유해진 분)을 만나 전국 화투판을 휩쓴다. 여기서 고니는 자신의 스승 평경장이 죽었다는 소식도 듣게 된다. 그러던 중에 고니에게 복수를 당한 박무성 일행이 전라도의 타짜 아귀(김윤석 분)에게 복수를 부탁하게 되고 아귀는 고니의 옛사랑 정 마담을 미끼로 해서 고니를 도박판으로 끌어들이게 된다. 고니가 배에 도착하자 이미 고광렬은 아귀에게 당해 팔목이 부러지는 부상을 당한 상태였다. 결국 고니와 아귀와 정마담은 나갈 수 없는 배에서 마지막 한판을 벌인다. 한 판에 수억 원씩 오가는 화투판에서 이들은 "재산을 다 탕진한 사람은 팔목을 내놓는다."는 조건으로 최후의 화투판을 시작한다. 판돈은 점점 커져가고 고니는 이렇다 할 소득을 얻지 못한다. 그리고 재산을 점점 잃어만 간다. 그러던 중에 고니가 화투 패를 나눠주는 순간 아귀는 이상한 낌새를 눈치를 채고 고니의 팔목을 붙잡는다. 그리고 밑장빼기 속임수를 썼다며 팔목을 내놓아야 한다고 말한다. 숨도 쉴 수 없는 극도의 긴장된 상황에서 고니는 아귀에게 증거가 있냐고 말한다. 그러자 아귀는 자신에게 9땡을 줬고 정마담에게 장땡을 주면서 자신의 돈을 잃게 했을 것이라고 자신의 생각을 단정 지어 말한다. 고니는 이를 부인하고 결국 둘은 정마담의 패가 장땡인지의 여부에 따라 팔목을 걸게 된다. 둘의 팔목이 묶인 상태에서 정마담의 화투 패를 열었다. 하지만 그 패는 땡이 아닌 사쿠라 패였다. 결국 아귀는 게임의 규칙대로 팔목을 잃게 된다.

평경장도 아귀처럼 오른쪽 팔목을 잃고 죽었다고 내뱉은 정마담의 말을 듣고 고니는 정 마담이 평경장을 죽였다는 사실을 깨닫게 되고 고니는 정마담을 추궁하게 된다. 딴 돈의 반만 가져간다는 고니는 나머지 돈을 모두 불에 태우고 자취를 감춘다. 세월이 흘러 여전히 화투판을 다니는 정마담은 고니를 그리워한다. 하지만 고니는 외국인들이 다니는 카지노에서 여전히 도박을 즐기며 생활한다.

참조 - 네이버 영화

---

tip 영화 '타짜' 중에서 고광렬(유혜진)이 화투판에 있는 사람들을 정신없게 만들어서 돈을 따려는 부분이다. 여기서의 핵심은 사람들을 속이기 위해 웃음과 미소로 기만하는 감정표현이다. 웃을 때는 들숨을 활용해서 감정 표현을 하는 것이 도움이 된다. '헤헤. 제가 화투 친지 얼마 안 돼 가지고.'의 부분과 '화투에 침 발라놨나? 이게 이렇게 안 떨어지네.'하는 부분에서 사람들을 속이기 위해 거짓으로 웃음을 표현하는 감정이 중요하다. 그러한 감정을 표현하기 위해서 들숨을 활용해서 웃음을 생동감 있게 표현해 보자.

『파바로티』중에서, 상진 - 영화

장호야, 너 내 말 잘 들어봐, 너 맨 처음에 우리 집에 와서. (진지하게)
내가 네 노래 처음 들었을 때, 너 그때 기억 나냐? (부드럽게)
내가 네 노래 듣고 그 날 왜 아무 말 도 못하고 바깥으로 나갔는지 아냐?(강조하며)
부럽더라. 네가 정말 미치도록 부럽더라. 장호야. 네 목소리는 말야. (진심으로)
그거 임마 하늘이 내려준 거야. 난 죽었다가 깨어나도 널 못 따라가. (강조하며)
내가 장담한다. 넌 세계적인 테너가 될 수 있어. 장호야. (벅차 올라서)

●●● 줄거리

한 때 잘 나가던 성악가였지만 지금은 촌구석 예고의 음악 선생인 상진(한석규). 까칠함만 내세우던 선생인 그에게 엄청난 미션이 떨어진다. 천부적 노래 실력을 지녔으나, 일찍이 주먹세계에 입문한 건달 장호(이제훈)를 가르쳐 대회에서 입상하라는 것. 전학 첫날 검은 승용차에 어깨들까지 대동하고 나타난 것도 모자라, 수업 중에도 '큰 형님'의 전화는 챙겨 받는 무늬만 학생인 장호가 못마땅한 상진. 장호의 노래를 들어볼 필요도 없이 결론을 내린다. 주먹과 노래 두 가지 재능을 타고났으나 막막한 가정환경으로 인해 주먹 세계에 뛰어든 장호. 비록 현실은 '파바로티'의 이름 하나 제대로 모르는 건달이지만 성악가가 되고픈 꿈만은 잊은 적 없다. 이런 자신을 가르쳐 주기는커녕 툭하면 개나 소나 취미로 하는 게 클래식이냐며 사사건건 무시하는 쌤 상진의 태도에 발끈하는 장호. 그래도 꿈을 포기할 수 없는 장호는 험난하고 까칠한 상진과의 관계를 이어가면서 벌어지는 이야기이다.

참조 - 네이버 영화

tip 영화 '파바로티'에서 음악선생님 상진이 학생이자 건달인 장호에게 용기를 북돋아 주는 장면이다. 때로는 과감하게 때로는 여운을 남기는 방법을 얘기하는데 자신감 넘치는 감정으로 표현한다. 특히, 들숨과 날숨을 섞어가면서 과감하게 말을 할 때는 들숨을 통해 흥분을 침착하게 말을 할 때는 날숨을 통한 감정을 표현하는 것이 중요하다.

여자 연극대사

이번에는 여자대사 부분이다. 다양한 연극과 영화를 통해 감정표현 연습을 해보자. 남자와 마찬가지로 호흡을 통해 감정을 조절하는 방법을 연습하고 훈련하는 것이 중요하다.

『절대사절』중, 주희

'절대 사절!'도 붙여 보고. (이해 시키며) 절대 사절에 '사'자를 '죽을 사자'로도 써서 붙여 보고, (답답해서) 끝에 '절'자를 가위를 그려서 붙여 보는 둥 별 짓 다했어요. (억울해서) 해도 해도 안 되니까, 나중에 안 되겠다 싶어서 호소문까지 써 봤어요. (흉내 내며) "신문을 배달하시는 지체 높으신 선생님, 엎드려 비옵건대 절대로 신문 넣지 말아 주세요.

(간절히) 알았니?" (힘없이) (다시 제 목소리로) (넋 나간 듯이) 다 소용 없었어요. (신문을 가리키며) (답답) 한 건의 배달 사고도 없이 한달 분이 고스란히 모아졌죠. 고지서는 승리의 깃발 마냥 펄력이며 날아 왔구요. (고지서를 팔랑이며) (억울) 정말이지 전 돈 때문이 아니예요.

●●● 줄거리

연극 '절대사절'의 줄거리는 다음과 같다. 결혼 5년째 아직 아이가 없는 주희는 건설회사 과장인 남편과 그런 대로 평온한 가정을 이끌어 가는 전업주부다. 어느 날, 남편이 회사의 자금난으로 한 달간 쉬게 되고, 그 기간 동안 회사에서 마련해 준 항공권으로 해외여행을 떠나게 된다. 주희는 여행을 떠난 후 현관 앞에 신문이 쌓이면 빈집인 게 드러날까 두려워 신문을 끊으려 노력한다. 그러나 신문보급을 끊겠다고 약속한 대한신문의 총무는 신문을 매번 배달한다. 급기야 주희는 새벽에 보급소를 찾아가고, 총무와의 말다툼 중 신문더미에 불을 지르게 되자 총무의 완력으로 쓰러진다. 하반신에서 피를 발견한 주희는 자신도 모르고 있던 아기가 유산된 것을 안다. 그 사건 이후 주희는 정신분열을 앓을 정도로 신문에 과민한 반응을 보이고, 남편은 아내 주희를 생각해 그 동네를 이사하게 된다. 이사한 지 한 달이 다 된 주희의 증상은 호전되고 신문도 끊었다. 그런데, 평온한 가정에 또다시 총무가 나타나 신문을 배달되기에 이른다. 남편은 구독신청을 다시 했고, 이 모든 사건이 남편의 조작이라는 생각에까지 미치게 된다. 부부싸움이 있던 날 밤, 남편은 술을 마시러 가고, 무기력해진 그녀 앞에 총무가 나타난다. 살려달라고 애원하는 주희에게 총무는 사건의 진상을 밝힌다. 보급소에서 퇴직 당한 총무가 주희를 파멸시키기 위해 꾸민 계획이었던 것이다. 총무는 실어증에 걸린다. 그 모습이 되고서야, 남편은 사건의 심각성에 눈을 뜨게 되고 총무의 퇴치 방법에 고민한 결과, 경쟁사인 민국일보에 구독신청 한다. 예상대로 총무와 민국일보 보급소 직원 간에 싸움이 벌어진다.

증오에 사로잡혀 정상이 아니던 총무가 주희 집 앞에 배달되는 민국일보를 날마다 찢어버린 것이다. 결국 남편이 예상할 수 없었던 사건까지 일어난다. 그 총무가 민국일보 보급소 직원들에게 집단 몰매를 맞고 현장에서 죽어버린 것이다.

이제 더 이상 신문은 배달되지 않는다. 그러나 실어증에 걸린 채 멍해 있는 아내를 보고 남편은 세상이 자신이 생각하는 것 마냥 상식적이지도, 인간적이지도 않고, 참 무서운 세상으로 변했음을 실감한다.

---

tip 연극 '절대사절' 중에서 주희가 관객에게 자신의 답답함을 토로하는 장면이다. 그동안 신문 넣지 말아달라고 총무에게 부탁도 하고 정색도 해봤지만, 통하지 않기에 마지막으로 협박까지 해봤다는 내용이다. 들숨으로 총무의 비위를 맞추는 장면을 재연해보고 날숨으로 관객에게 답답함을 토로해보자. 이때, 비언어적인 제스처와 표정을 같이 활용함으로써 호흡을 통한 감정표현을 극대화해보자. 특히, 답답함을 토로할 때 날숨과 제스처를 생각하면서 연습해보자.

『한여름 밤의 꿈』중, 헬레나

아름다워? (황동) 누가? (짜증) 아름답다는 말 취소해. (서운) 디미트리어스는 네 아름다움에 갔어. (질투) 그래, 넌 예뻐서 좋겠다! (부러워서) 너의 눈은 사람의 눈을 빼놓고 너의 재잘대는 소리는 보리가 푸르고 찔레꽃 피는 봄날, 목동의 귀에 들리는 종달새 노래보다 더 귀여워, (생각나서) 병은 전염된다며? 생긴 건 전염 안되나? (부러워서) 네게도, 옮았으면 좋겠어. (절실하게) 지금 당장 네 생김새가 전염병처럼, 내 귀에 너의 목소리가 내 눈엔, 너의 눈이 그리고 내 혀엔 너의 혀가 만들어내는 달콤한 곡조가 병처럼 옮았으면 좋겠어. (좋아서) 네가 자리만 비워준다면 이 세계를 다 줄거야. (감추며) 디미트리어스만 빼고.

●●● 줄거리

그리스의 아테네라는 도시에는 딸이 시집을 갈 때가 되면 반드시 아버지가 고른 남자와 결혼해야 된다는 법이 있다. 그런데 허미어는 그 뜻대로 하지 않아 아버지로부터 고소가 되었다. 영주는 사흘 동안 생각해보고 정하라고 했다. 하지만 허미어는 아버지가 정해주신 디미트리우스와 절대 결혼 할 수 없었다. 왜냐하면 이미 허미어는 라이샌더와 사랑을 하고 있었고 디미트리우스는 예전에 허미어의 친구인 헬레나에게 사랑을 고백했다. 하지만 지금은 디미트리우스의 마음은 허미어로 바뀌었고 헬레나는 계속 디미트리우스만 찾아다니기 때문이다. 라이샌더와 허미어는 어쩔 도리가 없어서 도망치기로 하고 어느 숲에 갔었다. 그 숲에선 소동이 일어나고 있었는데 왕과 왕비가 심한 말다툼을 한 것이다. 왕이 헬레나와 디미트리우스를 보고 요정 퍼크를 시켜 '사랑의 꽃' 을 따서 둘을 해복하게 해주라고 했는데 그 때 허미어와 라이샌더도 들어온 것이다. 퍼크는 당연히 라이샌더에게 '사랑의꽃'을 발라서 깨어났을 때 본 사람을 사랑하는데 헬레나를 보고 만 거시다. 그래서 디미트리우스와 라이샌더는 허미어는 버려두고 헬레나만 쫓아다녔다. 왕은 일이 커진 것을 보고 다시 원래대로 해놓았다. 그리하여 결국 라이샌더는 허미어를 사랑하고 헬레나와 디미트리우스가 이어지게 되고 사건은 해피엔딩으로 마무리 된다.

tip 연극 '한여름 밤의 꿈' 중에서 헬레나가 허미어의 미모를 부러워하는 장면이다. 허미어의 이목구비와 목소리를 진심으로 부러워하는 것이 이 장면의 포인트이다. 들숨으로 허미어의 하나하나 매력에 감탄해보자. 그리고 날숨으로 질투심을 표현해보자. 특히, 허미어의 미모를 강조를 할 때는 들숨을 칭찬을 하고 질투를 할 때는 날숨을 통해 감정을 표현하는 연습에 집중해보자.

『별을 수 놓은 여자』중, 헬레나

맞아요, 내가 구식인지도 몰라요. (웃으며) 그렇게 자라났고 그렇게 느껴요. (여유) 당신 문제가 뭔 줄 알아요? (부드럽게) 당신은 느낄 줄 모른다는 거예요 (강조) 느낄 줄도 모르고, 볼 줄도 모르고, 들을 줄도 모르고, 심지어 냄새도 (비꼬며) 맡을 줄도 몰라요. 당신이 할 수 있는 거라곤 고작 생각하는 것 뿐이라구요. (강조) 신이 당신에게 준 이 훌륭한 감각들을 활용하는 방법을 배우기 전에는 (참으며) 당신은 20퍼센트 남성에 불과해요. 감각이 움직여서 당신이 날 (강하게) 미치게 사랑한다는 걸 깨달은 때쯤은 불행히도 난 여기 없을 거예요. (정색하며)

●●● 줄거리

작품 배경은 미국이다. 자그마한 잡지사 '방사성 낙진'을 운영하는 '앤디'는 훤칠한 키에 신수가 훤하지만 경영난으로 인해 어려움을 겪는다. 잡지사의 유일한 직원이자 천재적 작가인 '노만'은 짝사랑 상대에게 "당신의 냄새를 좋아한다."고 말하는 등 4차원의 엉뚱한 사내이다. 노만의 짝사랑 대상인 전 국가대표 수영선수, 수영강사 '소피'는 그런 노만의 엽기적인 행각이 불편하고 싫을 뿐이다. 하지만 오히려 앤디와 엮이게 되면서, 그와 운명처럼 사랑에 빠지게 된다.

tip 연극 '별을 수놓은 여자' 중에서 소피가 자신을 짝사랑하는 노만의 답답한 행동에 화를 내는 장면이다. 소피가 노만의 어설픈 행동에 답답함을 느껴 화를 내는 부분이 포인트이다. 화가 났을 때 날숨으로 화를 가라앉히는 감정표현 연습을 해보자. 또한, 억지로 미소를 지으면서 말을 해보자. 실제로 여유 있게 말하는 것이 아니라 여유 있는 척을 하는 것이므로 들숨을 통해서 미소를 짓는 감정표현을 연습해보자.

여자 영화대사

이번에는 여자 영화대사이다. 영화를 보고 대사 연습을 해보면 구체적인 상황들이 머릿속에 그려지기 때문에 더 효과를 볼 수 있다. 만약, 영화를 볼 시간이나 여건이 되지 않을 수도 있기 때문에 줄거리를 상세히 설명을 했으니 줄거리를 참조해서 대사를 통한 감정표현 연습을 하면 도움이 될 수 있을 것이다. 영화의 경우 연극 대사보다 좀 더 자연스럽게 감정을 표현해보자.

『미녀는 괴로워』중, 한나

너무 부족한 게 많아서 헤어지셨어요? (무섭기까지 한 미소) (차분하게) 왜 벌써 헤어지셨어요. (화를 누르며) 왜 살 빼는게 싫어서 그러셨어요? (부드럽게)

살 빼면 오빠 화낸다. 그러셨잖아요? (정색하며)

차라리 뚱뚱해서 싫다고, 물건이나 좀 팔아달라고, 솔직하게 말씀하시지..(화가 치밀어올라)

사랑하는데 왜 헤어지니 이자식아!!1(숯검댕이를 패기 시작한다)

(억울해서) 뚱뚱하다고 바보냐, 바보야? 왜 애를 두 번 죽이세요!!! 이 나쁜놈아! (따지며) 뚱뚱한 게 죄니? (강하게) 못생기면 사람도 아냐? 별레야? 호구야? 우리도 여자야!

●●● 줄거리

영화의 주인공은 강한나이다. 그녀는 키만 169cm. 거대한 체구를 가졌다. 그리고 자신이 그녀에게 허락한 유일한 선물은 바로 천상의 목소리뿐이다. 가수를 꿈꾸지만, 외모 때문에 어쩔 수 없이 미녀 가수 아미의 립싱크에 대신 노래를 불러주는 얼굴 없는 처량한 가수 신세이다. 그것만으로는 생계를 위해 밤에는 폰팅 알바까지 뛰고 있다. 아마추어의 음반 프로듀서 한상준은 그런 그녀의 음악성을 인정해준다. 그리고 한나는 그런 상준을 짝사랑한다. 짝사랑에 몸달아하던 그녀는 드디어 꿈에 그리던 그의 생일파티에 초대받게 되는데, 그런 그녀에게 빨간 드레스가 퀵서비스로 배달되어 온다. 한나는 상준이 자신에게 보냈다고 생각하고, 그 옷을 입고, 들뜬 마음으로 한껏 멋을 부리고 나타나는데, 알고 보니 아미가 한나를 쪽 줄려고 일부러 보내고, 자신도 똑같은 옷을 입고 파티에 나타난 것이다. 상준은 아미를 불러내어, 제대로 된 노래를 부를 수도 없으면서 뭐 하는 짓이냐고 질타한다.

그리고 우리는 한나를 이용하고 있는 것이니, 도망가기 전에 잘해줘라 등의 말하는 소리를 화장실에 있다가 몰래 엿듣게 된다. 집에 돌아간 한나는 가스를 틀어놓고, 자살을 시도한다. 그 때 걸려 온 한통의 전화가 걸려온다. 바로 폰팅 상대였던 공학이었다. 이공학은 잘나가는 성형외과 의사였는데, 한나는 새롭게 변신을 해보고자 결심한다. 그렇게 잠수를 탄 한나는 공학을 통해 1년 만에 완벽한 S라인 미녀로 다시 태어난다.

참조 - 네이버 영화

---

tip 영화 '미녀는 괴로워' 중에서 한나가 소개팅 남자에게 그동안의 분풀이를 하는 장면이다. 그동안 외모로 인해 상처받고 스트레스에 시달렸는데 소개팅 남자에게 자신의 외모가 평가절하 되자 답답하고 억눌렸던 이야기를 한다. 처음엔 화가 나지만 날숨으로 자제하다가 이성적으로 얘기를 하려는 노력을 하는 것이 포인트이다. 하지만 뒤로 갈수록 점점 제어가 되지 않는다. 그럼에도 날숨으로 화를 다스리는 감정 표현 연습을 하는 것이 이 부분의 포인트이다.

『써니』중에서, 리더 - 영화

어이, 작두 타는 년. 간만이다. (피식) 아 이런 썅. 하 춘화가 얘기 안하디? (차분하게)

여기 우리 구역이라고, 펭고펭고를 넘겼으면 여긴 얼쨩대지 말았어야지. 이 년아. (부드럽게)

다 들었어. 어디 시골서 올라온 촌년이 구라질이야. 그때 진짠지 알고 (화를 누르며)

밤에 화장실도 못 갔잖아. 너네 이름 만들었더라. 써니? 종환 오빠가 져줬다매? (비꼬며)

우리도 소녀시대 이름 촌시럽다고 해서 바꿀 거야. 영어로. 핑.클! (빈정거리며)

일단 돈 좀 빌려줘봐. (위업적으로)

●●● 줄거리

전라도 벌교 전학생 나미는 긴장하면 터져 나오는 사투리 탓에 첫날부터 날라리들의 놀림감이 된다. 이때 범상치 않는 포스의 친구들이 어리버리한 그녀를 도와주는데… 그들은 진덕여고 의리짱 춘화, 쌍꺼풀에 목숨 건 못난이 장미, 욕 배틀 대표주자 진희, 괴력의 다구발 문학소녀 금옥, 미스코리아를 꿈꾸는 사차원 복희 그리고 도도한 얼음공주 수지. 나미는 이들의 새 멤버가 되어 경쟁그룹 '소녀시대'와의 맞짱 대결에서 할머니로부터 전수받은 사투리 욕 신공으로 위기상황을 모면하는 대활약을 펼친다. 일곱 명의 단짝 친구들은 언제까지나 함께 하자는 맹세로 칠공주 '써니'를 결성하고 학교축제 때 선보일 공연을 야심차게 준비하지만 축제 당일, 뜻밖의 사고가 일어나 뿔뿔이 흩어지게 된다. 그로부터 25년 후, 잘 나가는 남편과 예쁜 딸을 둔 나미의 삶은 무언가 2프로 부족하다.

어느 날 '써니짱' 춘화와 마주친 나미는 재회의 기쁨을 나누며, '써니' 멤버들을 찾아 나서기로 결심하는데… 가족에게만 매어있던 일상에서 벗어나 추억 속 친구들을 찾아 나선 나미는 그 시절 눈부신 우정을 떠올리며 가장 행복했던 순간의 자신과 만나게 된다.

참조 - 네이버 영화

---

tip 영화 '써니' 중에서 리더가 써니 패거리에게 위압감을 주며 기를 꺾는 장면이다. 써니 패를 아예 기를 죽이려고 빈정거리며 무시하며 기를 죽이는 기세가 포인트이다. 자기한테 기어오르는 것에 대한 기분 나쁨과 화를 날숨으로 다스리는 감정 표현 연습과 더불어 상대방을 제어하는 느낌을 숨을 참으며 조금씩 호흡을 내뱉으며 기세가 담긴 감정을 표현하는 것이 이 대사의 포인트이다.

『내 아내의 모든 것』중, 정인

전 운동 싫어해요 저, 좋아하는게 없어서, 좋아하는 게 꼭 있어야 되나요? (당차게)

야! 누가 이렇게 더들래? 니네 엄마 누구야? 눈치를 안보고 살아서 그래요. (강조하며)

예의만 지키면 눈치는 안 봐도 된다고 생각하니까. (어이없어서)

전 제 앞에 눈치 보는 사람 진짜 별로거든요. 피차 불편하고 어색하고, (태연하게)

상대방을 불편하고 어색하게 만드는 거. 그거야 말로 경우에 없는 짓 아닐까요? (당차게)

외동딸이 뭐 어때서? 출생 환경으로 그렇게 사람 판단하고 그러면 안 되지? (따지며)

여기 외동딸이 나 하날까? 외동딸이신 분 손 좀 들어 보시겠어요? 왜이래 이거? (되물으며)

모든 외동딸들을 남자, 여자. 외동딸 이렇게 사회의 소수자로 만드는 이야기라고! (강하게)

●●● 줄거리

남들이 보기엔 모든 것을 갖춘 최고의 여자 정인(임수정)이다. 완벽한 요리 실력은 물론 예쁘고 사랑스러운 외모, 그리고 섹시하기까지 하다. 그런데 그녀에게 단점이 있다. 바로 입만 열면 쏟아내는 불평과 독설로 인해 남편 두현(이선균)에겐 결혼생활 하루하루가 죽을 맛이다. 매일 수백 번씩 이혼을 결심하지만 아내가 무서워 이혼의 '이'자도 꺼내지 못하는 소심한 남편 두현. 그런 아내와 헤어질 방법은 단 하나뿐이다. 바로 그녀가 먼저 두현을 떠나게 하는 것이다.

남들이 보기엔 모든 것을 갖춘 최고의 여자 정인(임수정)이다. 완벽한 요리 실력은 물론 예쁘고 사랑스러운 외모, 그리고 섹시하기까지 하다. 그런데 그녀에게 단점이 있다. 바로 입만 열면 쏟아내는 불평과 독설로 인해 남편 두현(이선균)에겐 결혼생활 하루하루가 죽을 맛이다. 매일 수백 번씩 이혼을 결심하지만 아내가 무서워 이혼의 '이'자도 꺼내지 못하는 소심한 남편 두현. 그런 아내와 헤어질 방법은 단 하나뿐이다. 바로 그녀가 먼저 두현을 떠나게 하는 것이다. 아내가 싫어하는 짓만 골라하며 소심한 반항을 해보지만 눈도 까딱 않는 정인으로 인해 두현은 절망에 빠진다. 하지만 어떤 여자든 사랑의 노예로 만들어 버리는 비범한 능력을 지녔다는 전설의 카사노바 성기(류승룡)를 만나 두현은 절호의 기회를 얻게 된다. '제발, 제 아내를 유혹해 주세요.'라는 말로 성기를 찾아간다. 이제 은퇴를 선언하고 은둔의 삶을 선택한 그에게 두현은 카사노바 일생의 화룡점정을 위한 마지막 여자로 정인을 유혹해 달라고 부탁하지만 오히려 그녀에게 빠지고 만다. 이에 상황을 파악한 두현이 성기와 싸우고 아내의 맘을 돌리려 하지만 이미 아내는 돌이킬 수 없는 강을 건너고 만다. 그리고 술집에서 아내의 진심어린 얘기를 들으면서 자신의 행동을 뼈저리게 뉘우치게 된다.

참조 - 네이버 영화

---

tip 영화 '내 아내의 모든 것' 중에서 정인이 자신의 생각을 주관대로 표현하는 부분이다. 사람들이 낙천적으로 생각하는 것 자체가 이해가 가지 않는다며 솔직하게 자신의 생각을 표현하는 것이 중요하다는 주장이다. 여기서의 포인트는 자신의 생각을 얘기하면서 의견을 강하게 주장하는 것이다. 그런데 스스로는 자신의 생각을 침착하고 조리 있게 얘기하려고 하는데 흥분하다 보니까 그 조절이 안 돼서 흥분해서 얘기한다. 특히, '세상을 어떻게 낙천적으로만 살 수 있죠? 그건 거짓말이에요.'하는 부분에서 날숨으로 침착함을 유지하려는 호흡이 중

요하다. 날숨으로 평정심을 유지하면서 자신의 생각을 조리 있게 얘기하려는 노력이 이 대사의 감정 포인트이다.

『연애의 온도』중, 장영

내가? 내가 내 맘대로 라고? 하나부터 열까지 다 맞춰주고 있는데 내 맘대로 라고? (화를 참으며) 말 한마디라도 실수할까 봐 내가 또 뭘 잘못이라도 해서 옛날처럼 될까 봐 아무것도 안하고 있는데, 뭐가 내 맘대로라는 얘기야? (억울해서) 너야말로 솔직해 져봐. (냉정하게) 억지로 나와서 억지로 즐거운 척하면서 사람 피 말리지 말고 처음부터 나오기 싫었다고 나랑 있으면 좋지도 않다고 솔직하게 말이라도 하라고. (강하게) 너 맨날 이러는거 알아? (비꼬며) 옛날부터 지금까지 툭하면 사람 눈치 보게 만들면서 힘들게 하더니 결국, 결국엔 너 변한거 하나도 없어. (강조하며) 아무리 시간이 지나도 그대로야. (답답해하며)

●●● 줄거리

영화의 이야기는 이렇다. 같은 은행에 다니는 이동희(이민기)와 장영(김민희)는 사내커플이다. 이 둘의 연애 사실을 알고 있는 사람은 단 한 명 외에는 없다. 그런데 이 사내 커플이 헤어지면서 영화는 시작된다. 헤어진 연인이지만 같은 회사를 다니는 탓에 그 둘은 계속해서 마주치게 되고 서로에게 깔끔하지 못한 행동들을 주고받는다. 그러던 중에 영(김민희)이와 같은 직장 차장과의 이상한 소문을 듣게 된 동희(이민기)는 무작정 차장을 찾아가 때려눕힌다. 이러한 과정에서 동희(이민기)와 영(김민희)이는 서로의 사랑을 확인하고 다시 만나기 시작한다. 한번 헤어진 경험이 있는 이들은 서로를 더욱 배려하며 노력한다. 하지만 이들은 결국 전에 헤어졌던 비슷한 이유로 다시 헤어지게 된다. 그리고 1년 뒤 그 둘은 영화관에서 다시 우연히 만나게 된다.

참조 - 네이버 영화

tip 영화 '연애의 온도' 중에서 장영(김민희)가 이동희(이민기)에게 그동안 자신의 답답한 마음을 토로하는 장면이다. 여기서의 핵심은 처음에 장영이 차분하게 자신의 답답함을 얘기하다가 점차 감정이 격해져서 감정표현을 하는 부분이다. 처음에는 날숨으로 스스로를 진정시키면서 이성적으로 얘기하는데 점차 이성이 제어가 되지 않아 감정적으로 표현한다. 또한, 자신의 감정을 진정시키려고 오히려 들숨을 통해 웃는 감정표현 부분도 있다. '뭐가 내 맘대로 라는 얘기야? 너야 말로 솔직해져 봐.'라고 하는 부분은 포커페이스를 유지하려고 오히려 들숨을 활용하는 것이 좋다. 바로 자신의 감정을 숨기기 위해 날숨과 들숨을 적절히 활용하는 것이 부분의 감정 표현 포인트이다.

연극과 영화 대사를 통해 감정표현 연습을 해봤다. 감정 연습이 생각보다는 쉽지 않을 수 있다. 연기자들의 경우 체계적인 교육을 받기 때문에 보다 훈련이 수월할 수 있지만, 일반적인 경우는 그런 연습을 할 여건이 되지 않기 때문에 집중을 하는 데 어려움을 겪을 수가 있다.

참지 않는 연습

우리는 살면서 늘 스트레스에 노출되어 있다.

특히, 한국인으로서 산다는 것은 더한 의미가 있다. 태어날 때부터 죽을 때까지 성과와 경쟁 그리고 타인의 시선이라는 굴레에서 벗어날 수 없기 때문에 늘 우리는 스트레스에 시달리고 있다고 해도 과언이 아니다.

반도라는 지역적 특성과 강대국 사이에서 늘 눈치를 보는 역사적 특징으로 인해 한국인은 어떻게 보면 스트레스라는 것이 자연스럽게 몸에 배어 있을지도 모른다. 게다가 '한강의 기적'이라는 빠른 성장과 성과 위주의 각박한 현실은 오히려 경제적 성장과 어울리지 않는 질적으로 피폐한 삶을 만들고 있다.

그리고 유교라는 사상과 고진감래라는 사상 아래 우리는 '인내'를 당연시하고 있다.

몸에 상처가 났을 때 우리는 연고를 바른다. 그리고 새살이 돋아날 때까지 정성껏 치유한다. 그런 것처럼 상처받은 감정 역시 치유를 해야 한다. 하지만 우리는 감정이 상하는 것에 대해 둔감하다. 어찌 보면 어떻게 대처를 하는지를 모르는 것일 수도 있다.

예를 들어, 가정에서 "넌 왜 그렇게 공부를 못해? 머리가 안 돌아가?"라고 말했다고 생각해보자. 그럼 우리는 자신을 보호하기 위해 항상성을 유지하려 한다. 그래서 교감신경이 활성화되어 나쁜 긴장상태가 만들어지는 것이다. 직장에서도 마찬가지이다. 상사가 "넌 왜 일을 이딴 식으로밖에 못해? 바보야?"라는 대화처럼 남을 비난하는 부정적인 분위기에 어쩌면 익숙해져 있는지도 모른다.

그런데 그러한 스트레스가 반복되면 나쁜 긴장 상태가 지속되기 때문에 몸을 병들게 한다. 그래서 자율신경 실조증이나 우울증이 생기는 것이다.

중요한 것은 그러한 상태가 되기 전에 올바르게 감정을 치유하는 방법을 알아야 하는 것이다. 상처가 났을 때 연고를 바르는 것처럼 감정에 상처가 생겼을 때는 자신의 성향과 환경에 맞게 치유를 해야 한다.

지금 이 책을 보시는 분들이 해야 하는 것은 연기자처럼 세련되고 기술적인 감정 훈련이 아니라, 주체적인 감정 표현과 긍정적인 감정 함양이다. 다시 말해서, 자기 주도적으로 감정을 표현하고 감정을 발산하는 연습을 하는 것이다. 만약 연습을 하다가 잘 표현이 안 되는 부분은 해설 부분을 참조해서 반복적으로 연습을 하면 충분히 효과를 얻을 수 있을 것이다.

그러한 연습을 통해 각박하고 피폐한 환경으로 둘러싸여 있는 이 사회에서 보다 주체적으로 자신의 감정을 표현하고 긍정적인 감정을 나타내는 데 있어서 조금이나마 도움이 되길 진심으로 바랄 뿐이다.

한국인은 타인의 시선에 의한 의식적인 감정표현을 한다.

그래서 우리는 늘 감정표현에 있어 고단하다. 어떤 것이 유행하면 주체적으로 판단하고 행동하는 것이 아니라, 피동적으로 타인에게 뒤처지지 않기 위해서, 남에게 잘 보이기 위해서 유행을 따른다. 그래서 한국인은 자존심을 높고 자존감은 낮다. 즉, 타인의 시선에 대한 의식은 굉장히 높지만, 자신을 위한 표현은 상당히 인색하다는 의미이다.

또한, 우리는 과도한 경쟁과 각박한 현실 속에서 늘 스트레스를 받고 있다.

그러다보니 편안하고 유연한 감정보다는 늘 지나친 긴장상태에 놓여있다.

때문에 언제 폭발할지 모르는 분노를 누구나 갖고 있다. 그런 과도한 긴장은 우리의 삶을 피폐하게 만들었고, 우리 스스로 감정 스트레스라는 마음의 병을 만들고 있다.